JN069960

読むと行きたくなる。
行くと住みたくなる──

in 三重

たび活・住み活研究家 大沢玲子

旅好きのアラフィフ夫婦が、
独自の視点で「観光以上移住未満」の
地方の楽しみ方、その地の魅力を
ユルリと紹介いたします。

妻　レイコ

鹿児島・枕崎市生まれ。親の転勤による転校が多い生い立ちで、自称・根なし草的人間。職業・ライター。好物は国内外を巡り、地元のウマいものを食べ、酒を飲むこと。三重は、今回が初めての訪問。北から南まで長い三重を縦断し、山、海、川と見える景色の違いに驚き、新しい施設が続々登場していることにも驚いた。意外に〝濃い〟人物が多いことにも興味津々！

夫　ヒロシ

海なし県の埼玉・幸手市出身。職業・税理士。数字と歴史にうるさく、毒舌を得意技とする。三重の歴史を知るために、まずは『古事記』『日本書紀』から学ぶほどの凝りよう。伝統を守りながら、実は革新的なことに挑戦してきた先人たちの生き方にも感銘を受けた。グルメは「和田金」の松阪牛（まつさかうし）に脱帽するも、タレ文化には苦手意識も。鈴鹿に行って以来、F1マニアに。

はじめに――「たび活×住み活」ってナンだ？

「たび活×住み活」シリーズ８冊目。三重を取り上げると決まって、周囲の反応は「えっ、シブ！」「マニアックですね」ってな感じだったけど……。全体的な感想はどう？

まず、実は伊勢神宮や熊野古道とか、誰もが知ってる超王道の伝統の世界があるんだけどね。

そうそう、伊勢志摩辺りに旅行に行ったことがあっても、それがイコール三重に結びつかない人がいるのも〝三重あるある〟（苦笑）。

『古事記』に出てくるような神話レベルの伝統が根付く一方で、伊勢信仰を広めたツアコンの元祖みたいな人がいたり、松阪牛を全国に流通させた敏腕セールスマンがいたり、パリのルーブル美術館のレプリカを私財で作っちゃう人がいたりと革新的でオンリーワンな創意工夫の風土もある。伝統と革新の混在具合が興味深かったかな。

たび活×住み活

確かに。その道の〝はしり〟みたいなヒト、モノ、コトも多かったね。世界で初めて真珠の養殖に成功したミキモト創業者の御木本幸吉がいたり、ホンダ創業者・本田宗一郎の鶴の一声でできた日本初の本格的なサーキット場「鈴鹿サーキット」があったり……。県内をぐるっと回ってどうだった？

相変わらず公共交通機関での移動は大変だったイメージかな。

交通機関は、ほぼ近鉄一択だった。逆にこんなにJRが不便だった地は初めてかも。観光地の伊勢市駅でも交通系ICカードが使えなかったのにはちょっとビックリ。

三重って南北に長くて、気候も結構違ったよね。関東でいえば、南は湘南（神奈川）から北は日光（栃木）までの距離に匹敵するって聞いたことがある。県の北東は中部圏のベッドタウン、北西は関西圏のベッドタウン、そして県南の東紀州はほぼ和歌山でみかん推しが強い（笑）。隣接する自治体によって文化もなんとなく違う。1つの県としてのまとまりはなくても、これも〝三重らしさ〟なんだろうね。

三重らしさでいうと、食べ物はハイレベルだった。松阪牛だと老舗店「和田金」は別格にウマかったし、鳥羽で食べた伊勢エビの刺身とか尾鷲（おわせ）で食べたガスエビ、クモエビとか。志摩の「あのりふぐ」も。でも、やっぱり特徴的なのは「タレ文化」かな。

そうだね。筆頭は真っ黒いタレをかける伊勢うどん？　私たちにはなじみのないたまり醤油をベースに、店によっても味が違ってたね。「おかげ横丁」の「ふくすけ」で食べたのは麺ももっちり、タレの味も辛いだけじゃなくて出汁がきいていてちょうど良かった。津名物のうなぎは、タレが甘すぎる印象だったかな。

亀山市の「亀とん食堂」で食べた亀山みそ焼きうどんは、味噌ダレが肉とうどん、野菜とちょうど相性が良かったけど、ホテルの朝食で出てくる味噌汁が基本、赤味噌だったのは苦手だった。

味噌の好みは地域によっても違うからねー。新しくオシャレな施設が増えているのも新しい発見だった。特にホテルや商業施設が入った「ＶＩＳＯＮ（ヴィソン）」と「アクアイグニス」。

設立の発起人で、地元の建設会社の元社長さんの熱意がスゴいな、と。デンマークのアウトドアブランドの「Ｎｏｒｄｉｓｋ（ノルディスク）」といなべ市が組んだ、グランピング施設の「Ｎｏｒｄｉｓｋ Ｈｙｇｇｅ Ｃｉｒｃｌｅｓ ＵＧＡＫＥＩ」もオシャレ具合と自然の調和が良かった。

スタッフの人たちのサービスも洗練されてたし。

そのスタッフの人が言ってたけど、企業誘致で経済が発展したいなべ市で、近年、クリエイター的な移住者が増えているのも、地元の自然を活かしながら都会的なサービスを提供するという、まちおこしのコンセプトが相乗効果的に働いているんだろうな。

地元スポーツも、プロ野球球団やJリーグチームはないけれど、サッカー、バレーボール、ハンドボール、ビーチサッカーとか、複数のスポーツを統合した総合型地域スポーツクラブ「ヴィアティン三重」を設立したのは、これまた画期的だよね。後藤（大介）社長にも縁あってお話をうかがえたし、今後のJリーグ入りを祈願！

最初に伝統と革新の混在って言ったけど、結局、伝統にあぐらをかいていたら、店も文化も廃れてしまうし、そこには創意工夫が必要。一方で、伝統を引き継ぐにも努力が必要で、伊勢神宮では20年ごとに式年遷宮を行うことで、貴重な建築技術や調度品が引き継がれているというのも興味深い。

と、話が熱くなってきたところで、遅ればせながら「たび活×住み活」の説明を。観光と移住の両方の視点で地方を深掘りし、応援していこうというシリーズ本になります。

三重でいうと、四日市なんかは都会的機能とオレ好みの昔ながらの喫茶店文化もあったりして、住みやすそうだったな。

どんどんマニアックになってきている感も否めない当シリーズ本ですが、変わらず夫婦のユルい会話も楽しんでいただければ幸いです。

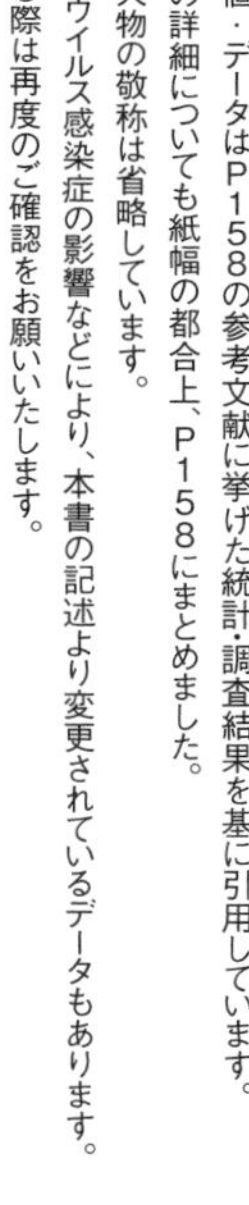

※文中の数値・データはP158の参考文献に挙げた統計・調査結果を基に引用しています。
参考文献の詳細についても紙幅の都合上、P158にまとめました。

原則的に人物の敬称は省略しています。

新型コロナウイルス感染症の影響などにより、本書の記述より変更されているデータもあります。

訪問される際は再度のご確認をお願いいたします。

運気アップ！伊勢神宮の日の出を拝む

伊勢神宮の大鳥居越しの日の出をスマホの待ち受けにすると運気が上がるんだって。

芸能人が実際にやって仕事が増えたとか？　運気はともかく、12～1月辺りは大鳥居の真ん中から朝日が昇ってきて〝映える〟からって撮影目的の人が詰めかけるらしい。

今は季節外れなのに日の出待ちの人がいっぱいだ。そういや『山梨編』の時も早朝、逆さ富士の撮影に行ったなー。

霧とかで散々フラレたけど……。今回もなかなか日が昇らない。

そもそも曇ってるしね。

身体が冷えてきた。あきらめよう。

（ホテルに帰るためにバスに乗車）

あっ、朝日が！　またフラレたー。

ヒロシ　オススメの知りたい！

伊勢神宮に向かう国道 23 号は休日ともなれば早朝から大混雑で駐車場待ちの車もズラリ。 ゴールデンウィークや年末年始は神宮付近のあちこちで一般車両の交通規制が。車移動の方はご注意を！

「三重？　あんまりよく知らない」――そんな人も、ココを知らないとは言わせない！三重県内でも突出した知名度と人気を誇る伊勢神宮、正式名称・神宮だ。

何せ日本に8万社以上ある神社の中で、最大の聖域として崇敬を集める〝トップオブ神社〟。神宮には125社が属するが、その中心となる正宮の内宮（皇大神宮）には、皇室の御祖先であり日本人の総氏神とされる天照大御神が祀られる。まさに〝トップオブ神〟がおわす場所なのだ。もう1つの正宮の外宮（豊受大神宮）には、天照大御神の食事を司る、衣食住や産業の神・豊受大神が祀られている。

宇治橋のたもとに立つ大鳥居から差し込む日の出の写真を待ち受けにしたら「仕事が増えた」「恋愛がうまくいった」なんてご利益話が世間で語られるのも、なるほどなのだ。

伊勢神宮に向かう国道23号線の標識の下には「終点」の文字が記されているが、この道は天皇が伊勢神宮を参拝するために整備されたもの。東京を始点に、伊勢を終点とした名残だとか。天皇のための御幸道路がわざわざ整備されるほどのありがたき場所。失礼のないよう参拝の基本的マナーや歴史的由来についても押さえておきたい。

参拝の順番は外宮から回ろう。「外宮先祭」といって、まず外宮で祭儀が行われる祭典の順序に倣ったルールだ。

外宮内にある御饌殿(みけでん)では、外宮創建以来、約１５００年間、朝と夕の2度、天照大御神を始め、内宮、外宮、別宮の神々に食事を供える「日別朝夕大御饌祭」が行われている。神饌(しんせん)の調理は、神職が古代さながら火きり具でおこした特別の火で行い、水は外宮内にある上御井(かみのみい)神社から毎日、くんだ御水を使う。これを毎日2回行っているというから、気が遠くなりそうに……尊い。その他、3個の石が積まれ、式年遷宮の川原大祓(かわらおおはらい)が行われる「三ツ石」など、見落としそうでいて祭典に用いられる大切な場所もある。うっかり立ち入ったり、手をかざしたりなど軽はずみな行動に注意しよう。

内宮では、身と心を清める作法として、手水舎もあるが内宮内に流れる五十鈴川のほとりに造られた、石畳の御手洗場が本来のお清めの場となる。

ちなみに外宮は左側通行、内宮は右側通行、参拝は二拝二拍手一拝が作法だ。

神宮の魅力は宮社だけではない。樹木の緑、五十鈴川のせせらぎ、鳥のさえずりなど、豊かな自然も極上だ。参道以外のエリアも含めた「神宮の森」は、なんと伊勢市の約4分の1を占める。神域ならではの厳かな空気を感じるなら、団体客が来る前の早朝5時、開門ジャストを目指したい。玉砂利を踏みしめる音を耳に参道を歩けば、信仰の有無にかかわらず、身体が浄化されるような気分を味わえるはずだ。

鳥居越しの日の出をスマホの待ち受けにすると運気が上がるらしいよ
ヘ～
行ってみよう！
ベストシーズンは12～1月の冬らしいから時期は違うけど行ってみよう！
なかなか日が昇ってこないなー
サムッ
ワイ
ワイ
ワイ
ワイ
みんな根気強く待ってるねー
もう寒くて耐えられんっ
バスも来るしホテルに戻ろう
ガタ
ガタ
ガタ
ガタ
ん……
このパターンは？
山梨でも……
日の出キター！
みんな撮影してるよ……
ガーン！
デジャブ…
※くわしくは『山梨編』をご参照あれ！

日本一やわらかい!?
伊勢うどんを食べ比べ

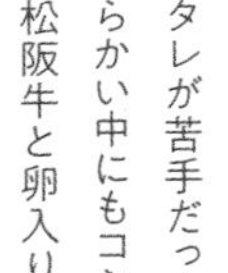

内宮の参道はさすがに混んでるねー。これから行く、伊勢うどんの「ふくすけ」って人気店なんでしょ。

前に初めて食べた伊勢うどんは、オレ的には麺がやわらかすぎて、赤味噌っぽいタレが苦手だったんだよね。ココはやわらかい中にもコシがあるらしい。

松阪牛と卵入りなんてゼータク！　さすがにできるのが早い。もう来たよ。

うん、手打ち麺がもっちり、噛み応えがある。生卵と甘めに煮た松阪牛と混ざると、かなりウマい。

タレも出汁がきいてちょうどいいんじゃない。

人によって好みもあるだろうから、食べ比べはマストだな。

レイコ　オススメの知りたい！

ベトナム中部のホイアンに「カオラウ」というご当地麺がありますが、ルーツは伊勢うどんといわれています。ここ港町にはかつて日本人町があり、交易で訪れた伊勢商人が伝えたとか。

恐らく日本一太く、やわらかい麺。そこに恐らく日本一黒いタレをかける。全国に数多あるご当地うどんの中でも異色の存在が、伊勢市民のソウルフードといわれる伊勢うどんだ。

今やお伊勢参りに来た観光客が食べる定番メニューとなっているが、元々、伊勢エリアでは、太めのうどんに、たまり醤油をからませた手軽なメニューとして、うどんが食べられてきた。お伊勢参りがブームになった江戸時代に、参拝客にいつでも食べられるよう、ゆでた麺にたまりをかけて提供する店ができたのが発祥だという。大勢の参拝客にさっと提供し、すぐ食べられて胃にも優しい。いわば元祖・ファストフード的存在だ。

現地では単にうどん、素うどん、並うどんと呼ばれてきたが、伊勢うどんといわれるようになったのには諸説ある。

一般的には作詞家の故・永六輔が、講演で来訪した伊勢市でうどんを食べて感銘を受け、「伊勢うどん」という呼び名を提唱したといわれる。だが、『伊勢うどん　全国制覇への道』(扶桑社)掲載の本人へのインタビューでは、ラジオ番組で伊勢うどんについて何度か言及し、エッセイにも書いたのは事実だが、名付け親については否定している。

同書内で、伊勢うどんの店「つたや」の主人は、伊勢麺類飲食業組合（２０２１年末に解散）で相談し、１９７２年から「伊勢うどん」と呼ぶように決めたといい、その後、「どこが元祖」といった元祖争いもしないと決めたと語っている。突出感のあるうどんながら、奥ゆかしさが漂うのも神宮のお膝元らしさか。

また、伊勢うどんと一口にいっても、出汁やトッピングなど、店によってもこだわり、個性がある。奥深い伊勢うどんワールドを極めるなら、ぜひ食べ比べをしたい。

永がひいきにしていたのが１９１７年創業の「ちとせ」。ここのタレは伊勢うどんの中でも、トップクラスの黒さといわれるが、見た目よりまろやかで出汁のウマみが楽しめる。

内宮の参道にある「おかげ横丁」で、一番の人気を誇るのが「ふくすけ」。

江戸時代に「生きているうちに食わなければ、死んで閻魔に叱られる」と言いはやされるほど人気だった伊勢街道沿いのうどん屋「豆腐六（どぶろく）」をイメージしているとか。店名は「食べると福がある」ともいわれたことにちなんでいる。昔のお茶屋さんのような風情ある雰囲気の同店は、もっちりとした食感の太麺と天然出汁の自家製タレがいい。数量限定だが、職人による手打ち麺はさらにもっちり感が強い。

その他、近年ではカレーうどんスタイルや、珍しい焼き豚のトッピングなど、変わり種も登場している。

ちなみに、伊勢うどんについて語る際の「コシがない」説や、大勢の参拝客にすぐに出せるよう、「大量の麺をゆで置き、タレをかければすぐ出せるスタイルが定着した」説には懐疑的な意見が聞かれる。

先の『伊勢うどん　全国制覇への道』内で、地元名門・みなみ製麺の社長は「伊勢うどんは表面はふんわりで、中心はもちっとしている。それが伊勢うどんの『コシ』なんです」と語り、前出のつたやの主人も「伊勢うどんほど手間のかかるうどんはない」、「茹で時間もよそのうどんの何倍もかかる」としている。

近年では三重県産小麦で、より粘りがあり、もちもち感が出る「あやひかり」を使った麺を採用する店も増えている。そう、伝統グルメながら、進化も遂げているのである。

3店舗で食べ比べをしましたが、タレが濃い分、卵や甘めに煮た牛肉、揚げのトッピング、多めのネギの薬味が個人的ベストかな、と。「ふくすけ」は、土産用の麺・タレもウマかったです。

中部？　近畿？　東海？
三重県の
成り立ちを知る

今回、三重県全体を回って、エリアによって雰囲気が結構違ったよねー。

県北の桑名や四日市はラーメンの「スガキヤ」とかカレーうどんの「若鯱家」とか名古屋発祥のチェーン店が目立ったし、西側の伊賀や名張なんかは大阪のベッドタウンだっていうしね。

県南部の熊野のお土産コーナーに行くと、みかんとか和歌山色が強かった。で、三重は中部なのか近畿なのか、それとも東海地方なのかな。

区分けによって、どのエリアにも属しているらしい。

ややこしい……これじゃ、オール三重でまとまれって言っても難しいよね。

レイコ　オススメの知りたい！

三重県の南北の長さは約170㎞で全国で５位。関東でいえば、湘南から日光くらいに到達する距離で、これはもはや１つの県と括るのは無理!?　その多様性も魅力なのでしょう。

三重って中部？　近畿？　東海？　果たしてどの地方に属するのか？

三重について語る際にネタのように取り上げられがちなテーマだが……。

中部、近畿、東海のすべてに属するというのが正解だ。

なぜ、こんなややこしい状況になっているのか。その理由の1つとして、元々、4つに分かれていた国が1つの県になったことが挙げられる。

現在、県内はいなべ市、桑名市、四日市市などで構成する「北勢」、県庁所在地の津市や松阪市が位置する「中勢」、伊勢市や鳥羽市、志摩市など観光スポットが集結する「伊勢志摩（南勢）」、伊賀市、名張市で構成される「伊賀」、熊野市、尾鷲市などの「東紀州」に分けられる。

律令国の時代には、これらのエリアが独立して伊勢国、伊賀国、志摩国、東紀州（紀伊国東部）の4つの国に分かれていた。

伊勢国は伊勢神宮が鎮座し、早くから全国各地との交流があり、東西の文化が混在。伊賀国は四方を山に囲まれた盆地であり、鈴鹿山脈の分水嶺の西側にある。古くは伊賀忍者が活躍した。

志摩国は熊野灘に面し、海の幸が豊富。日本有数のリアス海岸で、入江と大小の島々が点在する。風光明媚(めいび)な土地柄で気候も温暖。熊野灘の海の幸にも恵まれてきた。

東紀州はかつての紀伊国（和歌山）の一部で、温暖で森林が豊か。和歌山の文化との共通点が多い。紀伊山地が海まで迫り、気候は温暖、森林も豊かだ。熊野古道の伊勢路があり、お伊勢参りから、熊野古道まで足を延ばす巡礼の地とされてきた。

では、「三重＝中部、近畿、東海のすべてに属する」のナゾを解いていこう。

法律面では近畿圏整備法、中部圏開発整備法のいずれにも三重は指定され、国土形成計画法では中部圏。県行政では中部圏知事会、近畿ブロック知事会の両方に参画している。

国の所轄区分では中部、東海に含まれることが多いが一律ではない。天気予報の区分は東海に入り、天気予報でも「東海三県」という括りで、愛知、岐阜、三重3県の天気が紹介されている。スポーツでも春の選抜高校野球などは「東海地区」の枠になる。

エリアによって人々の意識が異なるのも特徴で、伊賀・名張市は関西の企業の誘致が進み、関西方面に通勤・通学する人が多いことから関西志向が強い。

桑名・四日市は名古屋駅まで電車で1時間内でアクセスでき、名古屋発祥の飲食チェーンの店舗が目立つ。名古屋からも多くの人が詰めかけるレジャー施設「ナガシマスパーランド」があるのも桑名市だ。

元々、違う国だったのだから、歴史や人々の気質が違うのも仕方なし、というのは他の都道府県でもある話だが、三重の場合、南北に長く、海も山も盆地もあり、エリアによって気候が大きく異なるのも影響している。

そんなわけで、県外の人にとっては、「観光で行く伊勢志摩」「工業地帯がある四日市」「忍者の町・伊賀」など、エリアごとの個性はイメージできても、「三重」というと、突然、印象がぼんやりしてしまいがちなのも（当の三重県人も）、〝三重らしさ〟なのである……。

伊賀の上野城、北勢の鈴鹿にある鈴鹿サーキット、東紀州の熊野市にある世界遺産にも登録された獅子岩、花の窟神社と南北に長い三重を縦断しました!

世界一短い都市名でギネス入り！津の歴史を探る

津市って県庁所在地の割には、玄関口の津駅周辺がちょっと寂しい印象……。

過去には津から四日市に県庁が移転した時期があったんだけど、現在の県の形ができて津に再移転されたんだよな。四日市は猛反対したんだけどね。

他の県でも群馬の前橋vs高崎、埼玉でも今は合併したけど浦和vs大宮の県の中心バトルがあったり、こういうライバル構造ってあるあるだよね。

四日市の場合は、コンビナート開発で工業都市に成長して、津は経済規模ではもはやライバルではないかな。

まあ、津は世界記録を持っているからね。「Tsu」じゃなくて「Z」で世界一短い県庁所在地として、ギネス登録したっていうから。まさかの革新的（笑）。

ヒロシ オススメの知りたい！

津とは「港」の意味。伊勢湾沿いに港があり海の玄関口として栄え、お伊勢参りの利用客も多かったことから、「伊勢は津で持つ　津は伊勢で持つ」と謡われるほど栄えたそう。

「?」。三重県の津駅で初めて駅名標を見た人は文字通り首をかしげてしまうかもしれない。そこには、ひらがなで大きく「つ」。その下に小さく漢字で「津」と記されている。そのバランスの悪さで「?」に見えてしまう。狙ったかのような、〝津駅あるある〟ネタだ。

津市ではその名を広めるべく、PR事業の一環として世界一短い名の都市としてギネスに申請。本来、ローマ字表記では「Tsu」と3文字になるところを「Z」で登録。これが認められ、ギネスブックに登録されたという。なかなかやるね。

県庁所在地ながら、県内最大の工業都市・四日市と比較して、人口や経済規模で劣勢にあるのは否めない。実は、行政機能の県庁も四日市に置かれていた時期がある。

1871年7月の廃藩置県により現在の三重県域には11の県が誕生。統廃合で県北部に安濃津県、県南部に度会(わたらい)県が成立する。当初、安濃津県は津の大門町に県庁を置くが、安濃津県初代参事（現在の知事）は旧津藩士と対立していたため、四日市に県庁を移転。県名を四日市にある三重郡から取って三重県と改めた。

5年後の1876年、全国規模の統廃合で三重県と度会県が合併。県域が南北に長く広がり、位置関係から、北寄りの四日市では不便という見解から、津へ県庁を再移転。四日市住民は激しい反対運動を展開したが、移転が認められ、今に至るのだ。

松阪牛を全国に広めた1人の男を知る

ここが、松阪牛の名店「和田金」かぁ。高級旅館みたい。全部、個室なんだ。

（仲居さんに案内されて）

仲居さんが全部焼いてくれるんですか。

仲　25年、焼き手をやっております。

心強い！　まずあみ焼ですね。分厚い肉……タレを塗って焼くんだ。

んっ、分厚いのにガブっと食べられる。脂がしつこくなくてウマみがスゴい！　ステーキとも焼肉とも違う。カラシとタレ、肉のバランスがいい。

次はすき焼き。砂糖をまぶして焼く関西スタイルね。

これも肉に厚みがあって食べ応えがある。甘いタレの味で食べる、これまでのすき焼きのイメージが覆った。

肉のウマみを吸った野菜もおいしい！

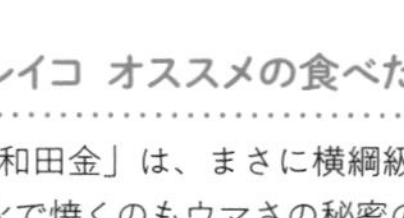

「和田金」は、まさに横綱級でした。肉がいいのはもちろん、炭火で焼くのもウマさの秘密のよう。地元の人気焼肉店「一升びん」もおいしかったですが、和田金がスゴすぎた。接客も極上です。

「ちょっとあぶって色が変わるだけにとどめたところを金網からとって生醤油にひたして食べると、口いっぱいにミルク、バターの香り、豊満なかぎりの柔らかく、あたたかい香りと滋味がひろがる。何しろ箸で切れるほどの精妙さ、柔らかさ、豊熟、素直さなのである」(『新しい天体』開高健著。「和田金」ホームページより転載)。

「しつこくない、柔らかい、しっとりしている、味が濃い、これが和田金牛肉の四大特長と言えそうだ」(『あれも食いたい　これも食いたい』東海林さだお著。同転載)。

日本におけるブランド肉の先駆け的存在の松阪牛。そのお膝元の松阪市には松阪牛が食べられる飲食店が点在するが、中でも世に知られる美食家が絶賛し、味・サービス共にトップクラスといわれるのが1878年、牛肉店からスタートした「和田金」だ。

明治時代、文明開化の流れから庶民の間でも牛肉が食べられるようになり、東京を中心に牛鍋屋が乱立するが、当時はぶつ切りの牛肉を、臭みを消すために味噌で煮込んだものが主流だった。

しかし、和田金初代店主は、松阪の良質な牛肉であれば、たまり醤油で、平切りの肉を使ったほうがおいしいと考え、現在のすき焼き(和田金では「寿き焼」)のスタイルを構築。肉質にこだわり抜き、今も自社農場で、独自の肥育法で兵庫県産の黒毛和牛(但馬牛(たじまうし))を育て、原則として冷凍せずに肉を提供。同店の肉が一般の店のものより厚みがあるのは、冷凍せず生の肉を平切りしているからだという。

では、松阪牛が先駆けて、その名を全国に知らしめた理由は何か。そこには鉄道のない時代に、東京まで20日間余の徒歩旅行で松阪牛を陸送した、先人の尽力があった。

肉牛卸商の先駆け・山路徳三郎。庄屋と内科医を務めた家に生まれ、15年間、医学と獣医術を学び、伊勢神宮の御神馬の嘱託獣医も務めた人物だ。

『松阪牛　牛飼いの詩』（伊勢志摩編集室）によると、山路は東京や横浜での肉牛の需要急増を予測して、早くから地元の農家に肉牛の生産を勧め、生牛卸業の許可を取得する。東京の商人と交渉しながら、道中の牛宿の設置、河川の渡船計画など綿密な出荷プランを立て、一度に平均百数十頭を送り込んだという。

牛追い道中と呼ばれるこの試みは、１８７２年よりスタート。１８９７年ごろまで二十数年間実施され、この壮挙が松阪牛を全国に広める発端となる。

山路は商才にも長け、一般相場より１割近く高い評価額をつけ、東京までの諸経費を加算した金額で商人と予約を取りつけ、いわゆる信用取引を先駆けて行った。牛肉店や西洋料理店に卸す東京の業者も、彼を信用して一任したという。

明治中期以後は、大型貨車輸送も始まり、牛追い道中は終了するが、その後も東京の名門レストランである鹿鳴館、精養軒などから特別に依頼され、良質な肉を貨車で輸送。1904年に開店した日本初の百貨店・三越にも食堂用肉牛を卸した歴史が残る。

山路は獣医師として特定の農家約50軒の家畜の世話もし、大正末期まで牛と共に生き抜いた。

現在では全国各地でご当地牛が登場。あちこちでおいしい牛肉が食べられるようになった。牛追い道中で松阪ブランドを全国に広め、現在のすき焼きのスタイルを生み出したこの地はやっぱり伝統ありつつ、革新的！といえよう。

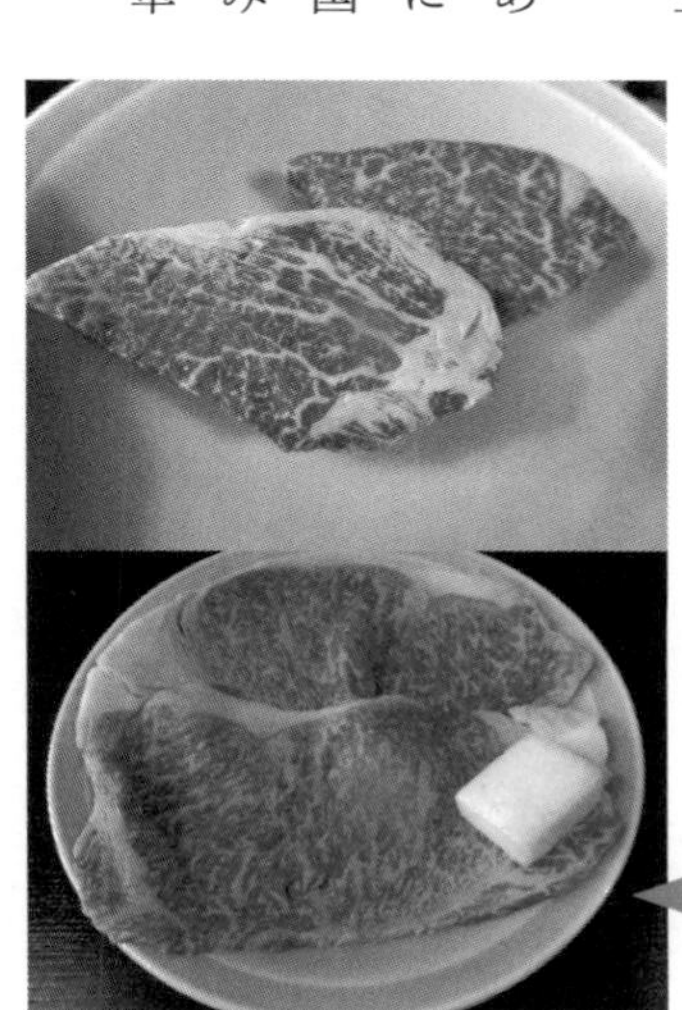

「和田金」さんのあみ焼き用の肉とすき焼き用の肉。意外にサシは控えめで肉のウマみが濃く、いくらでも食べられそうです。高価なのでムリですが(笑)。

一見、素朴。伊勢神宮の建築のスゴさを知る

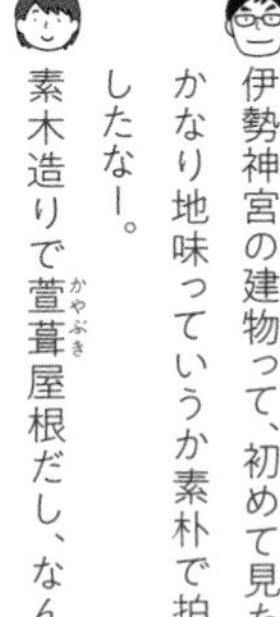

伊勢神宮の建物って、初めて見たときはかなり地味っていうか素朴で拍子抜けしたなー。

素木造りで萱葺（かやぶき）屋根だし、なんだか牧歌的な建築だなーと思ったけど、実はシンプルに見えて、由緒正しき建築法だったという。弥生時代の高床式の穀物倉が基になっていると知って、なるほどだった。

「せんぐう館」に展示してあった外宮の実物大の正殿の模型は見応えがあった。選び抜かれたヒノキを使って、装飾の金具も職人が一つ一つ作ってるんだな。

それをまた20年ごとに式年遷宮で正殿を移して、建築様式の伝統を守りながら、新しく建て直し、装飾も作り直すという気の遠くなるような作業……。

やっぱり伊勢神宮は別格。

ヒロシ オススメの知りたい！

式年遷宮に関する展示が並ぶ博物館「せんぐう館」はかなり見応えありです。20年ごとにすべてを作り直す。「変わらないために、変える」。人生にも置き換えて考えさせられます。

簡素にしてシンプル。ヒノキの素木造りで、屋根は萱葺。目を引くものといえば屋根の上に置かれた金色の鰹木と、千木と呼ばれる屋根の搏風（破風）が伸びてクロスしている辺りか。

伊勢神宮の正殿は、高床式の穀物倉の形式が宮殿形式に発展したものといわれ、一見、素朴な建物に見えて、実は「伊勢は世界建築の王座である」。ドイツの建築家、ブルーノ・タウトがそう高く評価したように由緒ある高貴な建物なのだ。

建築様式は神明造。他の神社や神棚でも見られるものだが、外宮と内宮の正殿は特別な存在ゆえ、唯一神明造と呼ばれる。2つの傾斜面が山形になっている切妻造と呼ばれる屋根、柱を土の中に直接埋め込んで立てる掘立柱などが特徴だが、壁面より外に立つ棟持柱や床下の柱も使われている木材はヒノキ。真っすぐに立つ選び抜かれた木材を、伊勢神宮の宮大工の手仕事で滑らかに丸く加工されたものが使われる。主に長野・岐阜の木曽ヒノキのほか、2013年の式年遷宮では700年ぶりに伊勢神宮の「宮域林」から刈り出された木材も用いられた。木材ひとつとってもとんでもない価値があるものなのだ。

正殿は垣根に囲まれ、姿の詳細を見ることはできないが、外宮敷地内にある博物館「せんぐう館」では、外宮正殿の原寸大模型で精巧な建築を間近で体感できる。

焼き鳥ではない！
鶏焼肉にトライ

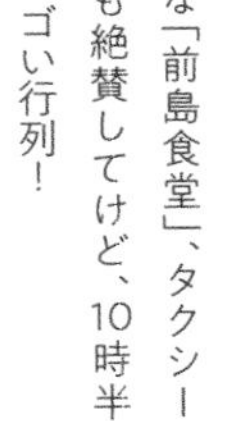

鶏焼肉で有名な「前島食堂」、タクシーの運転手さんも絶賛してけど、10時半の開店前からスゴい行列！

メニューはシンプルだな。若どり、親どり、きも、せせり、あとはとり野菜という名のスープ。

肉に味噌ダレがかかってるのに、再度つける用のタレがあるんだ。うん、鶏肉が新鮮でフツーにおいしい。でも、みんな味噌ダレをさらにメチャたっぷりつけて食べてるねー。

とり野菜は、三重では珍しく赤味噌じゃなくて、白菜と鶏肉の普通の味噌味のスープだな。味噌はやっぱり、こっちがいいな。

鶏焼肉がこんなに人気だとは知らなかったわー。

ヒロシ オススメの食べたい！

東京でも三重の鶏焼肉を出す「とりいち」に行きました。東京にもあるんですね。賑わっていました。メニューにある親どりは硬めで、かみしめると味わいが……ツウ向きの部位のようです。

松阪っ子に「鶏焼肉、食べに行こう！」と言われて、串に刺した「焼き鳥」をイメージするようでは三重ビギナー丸出し！

松阪といえば、ブランド肉の松阪牛で知られるが、値段を考えるとそう気軽には行けない。よって、地元っ子が外食で身近に食べる肉といえば鶏焼肉。一般的な焼き鳥ではなく、焼肉のように金網やロースターで、生の鶏肉を自分で焼いて食べるのが松阪流だ。

その最大の特徴が、味噌ダレで食べること。普通の焼き鳥は塩かタレを選ぶスタイルが主流だが、松阪では生の肉に味噌ダレがかけられた状態で提供される。自分で焼いた後、小皿に入った味噌ダレにさらにたっぷりつけ、白飯と一緒に食べるのがデフォルトだ。

松阪屈指の人気店「前島食堂」は、10時半開店ながら、休日ともなれば開店前から行列必至。ファミリー客が多く、松阪っ子は子どものころから鶏焼肉といえば、松阪スタイルにすっかり親しみ、県外に出て「あの味噌ダレの鶏焼肉がない！」とビックリする!?

松阪市の郊外では、古くから採卵用に養鶏も盛んで、産卵期を終えた鶏を各家庭で七輪で焼いて食べる習慣があったとか。飲食店でも牛ではなく鶏を専門に扱う店が１９６０年代後半から誕生し、各家庭でも鶏を焼いて味噌ダレで食べるようになったという。

松阪のソウルフードとして地元に根付く鶏焼肉。お財布に優しいのもうれしい。

元祖ツアコン!? お伊勢参りブームの仕掛け人を知る

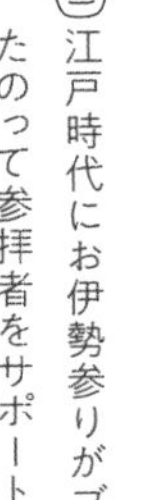

江戸時代にお伊勢参りがブームになったのって参拝者をサポートした御師（おんし）の存在が大きかったんだよな。

御師？　江戸時代に富士山登山が流行したときも、世話人の御師っていう人たちがいたけど。

それよりもっとビジネスっぽいというか、伊勢信仰を世に広めて神宮の後援者となる参拝者を募り、現地で要望に応じて身の回りの世話をしてたらしい。

そのおかげで伊勢神宮詣でが人気になって、街道沿いの宿場町なんかも栄える契機になったんだね。

旅行会社というか、ツアーコンダクターの元祖というか、こういう仕組みを思いついたのも斬新だよな。

ヒロシ　オススメの知りたい！

帰りに熱田神宮や京都、金毘羅さんなど、観光名所や様々な寺社に立ち寄る人も多かったそう。「一生に一度はお伊勢参り」といわれ人気だったのは、参拝以外の観光要素も大きかったんでしょうね。

江戸時代末期には、日本人の6人の1人が参拝に訪れ、現在も年間約800〜900万人もの参拝者が訪れる伊勢神宮。20年に一度、社殿を建て替え、御神体を遷座する式年遷宮の年には特に参拝者が増加し、直近の2013年には約1400万人が訪れたという。

室町時代後期より伊勢信仰が広がりを見せ、なぜ江戸時代に爆発的ブームになったのか。そこには仕掛け人がいた。御師だ。神宮の祭祀には携わらない下位の神職に当たる人々がその役目を担ったという。

彼らの任務はズバリ、伊勢信仰を全国に広め、各地に檀家と称するお得意先をつくり、参拝者を呼び込むこと。神宮のお札を配って初穂料を集め、参拝の勧誘をし、御師邸での宿泊、飲食や名所案内、御神楽奉納など、一切の世話を担った。いわばオーダーメイドのツアーガイドだ。最盛期には内宮側の宇治には277軒、外宮側には611軒もの御師が存在し、江戸時代に入ると町人や農民にも布教を拡大していく。

一般庶民に布教していく仕組みとして、御師が全国各地につくったのが「伊勢講」。共同で旅行資金を積み立てるシステムで、費用負担の軽減によりブームはさらに広がった。

御師は伊勢で流通した日本最古の紙幣の管理・発行を担い、金融業のような役目も担ったとか。長年にわたる伊勢神宮の人気は、伝統プラス創意工夫のたまものでもあるのだ。

世界初！エスカルゴの養殖に成功した男に出会う

「エスカルゴ牧場」の社長・高瀬（俊英）さん、テレビに出てるのを見て、苦手なタイプの変わったおじさんかと思ってたら、全然違った。話は熱いし、もちろんエスカルゴの味も抜群にウマかった。

うん、テレビ番組とかだとおもしろおかしくしがちだし、「食べログ」の他の人の投稿も面倒くさい中小企業の社長イメージだったけど、言っていることはすごくまともだったね。

40年間も1人で研究してるのはスゴい。エサの配合もミクロ単位でこだわって調整したとか、いろいろ提携の話があっても破談になったケースが多いっていうのも、妥協できないからなんだろうな。

だって、ソースに使うエシャロットとかニンニクも無農薬で育ててるなんて徹底してる！

松阪市創業の食品卸売大手の国分と共同開発で、高級缶詰シリーズ「奇跡のエスカルゴ・ド・ブルゴーニュ」も販売。同じ味が再現されていて、家で温めて食べてもメチャ、おいしかったです。

松阪の高級食材は松阪牛だけではない！　フランス料理のエスカルゴ・ブルギニヨンで知られる希少食材のエスカルゴ。その養殖に世界で初めて成功した男が松阪市にいる。地元鉄工会社の経営者であり、三重エスカルゴ開発研究所の代表取締役・高瀬俊英だ。

エスカルゴにはいくつかの種類があり、王様といわれる最高級品種がブルゴーニュ種のポマティアだ。だが、フランスでは絶滅の危機に陥り、現在、食べられているのはプティ・グリ種かアフリカマイマイなどの亜種に限られる。これまでも多くの養殖家がポマティアの養殖に挑戦してきたが、繁殖力が弱く、成功には至らなかった。

１９８０年代半ば、エスカルゴに魅せられた高瀬は、「自分で育ててみたい」と思い立ち、渡仏してポマティアの個体を手に入れ、独学で養殖技術の研究を始める。

繁殖については日本の植物防疫法の壁があったが、約7年をかけて農林水産省と交渉を重ね、１９９３年、食料として有用動物に認定。エスカルゴそのものになじみがなく、害虫であるカタツムリと同一視されがちな日本にあって、根気強く研究開発を重ね、１９９５年、ついにポマティアの繁殖に成功する。

養殖期間については、一度、ポマティアを冬眠状態にして数日後に目覚めさせることで、通常成長するのに3年かかるところを4か月に短縮。養殖するハウスには空調を使わず、お湯を使用した床暖房で温度、湿度を徹底管理。エサの配合は20年間、試行錯誤し、大豆を原料に20種類のビタミンやカルシウムを混ぜ込み、ミクロのレベルで最高の配合に行き着く。産卵場はエスカルゴがすむ「ブルゴーニュの森」を再現。土壌には3年かけて、殺菌した腐葉土を使っている。現在もデータを基に改善、改良につなげているのはスゴい。

また、エスカルゴ・ブルギニヨンに使うソースも妥協なし。最高のバター、手作りのニンニクやエシャロット、無添加のワインを使って自身で調理。そのこだわりの味は「エスカルゴ牧場」のレストランスペースで食べることができる。エスカルゴは真っ白でやわらかく、ソースと一緒にパンに載せて食べるとたまらない。自社農園で栽培した野菜を使ったサラダも、手作りのドレッシングからして抜かりない。

高級食材の缶詰シリーズ「缶つま極」が人気の国分グループと4年かけて共同開発した缶詰「奇跡のエスカルゴ・ド・ブルゴーニュ」も販売されている。国分の担当者は、当初、エスカルゴに興味はなかったものの、高瀬に出会い、その熱意に感動し、商品化を決意したという。

松阪の異才が生んだ世界に誇る名産品・エスカルゴ。パイオニアの熱い話に耳を傾けながら、フランスの著名シェフもうならせたという本物の味を一度は試してみたい。

松阪の新たな名物⁉
気難しい社長だったらどうしよう
エスカルゴ牧場
おーい
こちらです
こんにちはー
あ、意外とやさしそう…
エスカルゴの中でも最高品種のポマティアに魅せられ養殖に成功した高瀬社長
（鉄工所の社長でもある）
ミクロのレベルでこだわってエサの配合を完成させ土壌は3年かけて殺菌した腐葉土を使ってます
すごいこだわりだ…
うおっ!
やわらかくてウマい！こんなエスカルゴ初めてだ！
バターソースもサラダもすごくおいしい！
野菜もエスカルゴに使うソースも手作りだからね！
国分の「缶つま極」シリーズでも食べられます！
奇跡のエスカルゴ ブルゴーニュ

交通・観光インフラのドン！ 近鉄王国ぶりを知る

今まで近鉄って縁がなかったけど、三重ではほぼ近鉄一択だった。鉄道だけじゃなくてホテルとかタクシーも近鉄グループが定着してたしね。

逆にいうと、今まで行った地域で、一番、ＪＲが不便だったかも。特に主要駅でも交通系の電子マネーが使えないのは改善してほしいな。

近鉄は観光特急の「しまかぜ」とか、普通の特急列車もオシャレだったのも印象的だった。

ＪＲは四日市駅みたいに工業地帯向けの貨物輸送がメインだった場所もあるようだけど。あと内陸部はバス一択。

バスの三重交通も近鉄グループだもんね。

レイコ　オススメの知りたい！

同じ四日市駅でも、JRと近鉄は距離が離れているのでご注意。地元民が「四日市駅」と言えば、通常、近鉄を指し、JR の場合は「JR の四日市駅」と注釈をつけるのが一般的だそう。

県内最大の30万超の人口を擁す四日市市の玄関口、四日市駅。ただし、同じ四日市駅でもＪＲなのか。あるいは近鉄なのか。その二択で見える風景は大きく異なる。

近鉄四日市駅は駅に直結した近鉄百貨店のほか、周囲には商業施設や飲食店街が広がる。県内随一の繁華街の玄関口だ。だが、そこから約１・２㎞離れたＪＲ四日市駅へ向かうと、同じ市内の同じ駅名とは思えないほど駅前は閑散としており、駅構内も売店すらない。

ただし、ＪＲ四日市駅は伊勢湾沿いの工業地帯に向かって貨物の専用線が分岐しており、今も貨物駅が併設されている。貨物列車が通る頻度も高い。工業都市・四日市を支えてきたポジションを考えれば、四日市らしい２つの駅の姿ともいえる。

ただ、県内を運行する近鉄の路線は７路線、ＪＲは５路線と、生活路線としては近鉄が優勢。また、お伊勢参りの玄関口として、社運をかけて開業したという参宮急行電鉄（現近鉄）の宇治山田駅の立派な駅舎を見ても、近鉄の力の入れ具合が目立つ。

唯一、ＪＲの独壇場になっているのが紀伊半島南部に向かう紀勢本線。そして内陸部に行く場合はバスに頼らざるをえない。これも山がちな三重ならでは。近鉄傘下の三重交通は路線バスだけでなく、東京と三重各地を結ぶ夜行バス、高速バスなどネットワークを拡充している。三重における近鉄グループのパワーは、やはり大きいのである。

四日市コンビナートが栄えた逆転の発想を知る

四日市って公害の印象が強かったけど、意外に住みやすそうだった。

安くておいしい居酒屋とか良さげな喫茶店もあって、さすが県内随一の大都市。

ただ、「四日市コンビナート夜景クルーズ」はちょっと期待外れだったかな。船内アナウンスで、もっと四日市の歴史を語ってほしかった。

夜間照明がやや寂しかった。環境に配慮した節電の影響もあるらしいけど……。

歴史を振り返ると、公害という負の歴史は生んだけれど、近代的な港を造った先人、炭鉱から遠いというマイナス面を逆転の発想で、いち早く石油系の燃料にシフトしたというのは、やっぱり先進的だったんだよな。

ヒロシ　オススメの行きたい！

四日市市民ならば知らない人はいない偉人が、地震で崩壊した四日市港を再興した稲葉三右衛門さん。JR 四日市駅前の「稲葉三右衛門翁」像は、四日市港の方角を向いて建てられています。

名古屋駅から近鉄に乗って、三重県に入ると、赤と白の煙突やクレーンが立ち並ぶ工業地帯、四日市コンビナートが目に入ってくる。北勢エリアの中心都市であり、県内随一の経済都市である四日市市。そのけん引役となったのが、臨海部に広がる工業地帯だ。日本を代表する工業地帯の1つとして発展した背景には、震災や戦禍で甚大な被害を受けつつも復興のために尽力した先人と、逆転の発想がある。

その1人が地元の廻船業者であり、後に〝四日市港の父〟と呼ばれた稲葉三右衛門。1854年、安政の大地震により栄えていた港の崩壊を目の当たりにし、「四日市の命は港」と立ち上がる。かつてオランダ人技師に学んだ測量や築港の知識、知見を基に、私財を投げ打ち、不屈の精神で工事を推進。1884年に港を完成させる。

その後、コンビナートとして栄えるに至ったのは、マイナス面を逆手に新たな分野に乗り出したのが起点となった。日中戦争後、四日市は軍需工場を始め重工業の町として発展するが、太平洋戦争末期には町全体が壊滅状態となる。そこで、戦後、コンビナート誘致計画が進められるが、計画がスムーズに進んだ1つの理由が、当時、燃料の主流だった石炭を産炭地から運ぶには遠すぎる立地ゆえだった。立地のマイナス面をカバーするため、早くから石炭ではなく石油系の燃料にシフトしたのが功を奏したというわけだ。

四日市で歌われなかった校歌の歴史を知る

社会で四大公害病って習ったけど、この「四日市公害と環境未来館」のリアルな展示を見ると被害が実感できるね。

特に認定患者が多く出た小学校でコンビナートを称賛する校歌の歌詞が一部変えられたっていうのはリアルだよな。

経済復興の希望のシンボルとされてたのにね。校歌の変更時期に卒業する子どもたちが校歌を歌えなかったというのも、悲しい。

次第に政治マターになって環境問題に積極的な革新系勢力が優勢になったという側面もあったようだね。

今の四日市の沿岸エリアは海もキレイだし、「まぐろレストラン」とか焼きたての干物が食べられる「ヒモノ食堂」なんかも賑わってて、しみじみ平和。

ヒロシ オススメの行きたい！

「四日市公害と環境未来館」では、四日市ぜんそくを始めとする公害発生の背景や裁判、その後の環境改善の取り組みなどについて学べます。四日市に行くならぜひオススメのスポットです。

「港のほとり並びたつ　科学の誇る工場は　平和を護る日本の　希望の希望の光です」
四日市コンビナートに程近い塩浜小学校。１９６１年に制定された校歌は、こんな歌詞で始まっていた。

戦後、１９５０年代末の復興のシンボル、まさに〝希望の光〟として四日市コンビナートが稼働した直後に生まれた校歌は、約10年後に改変を強いられる。工場が排出する大量の亜硫酸ガスを中心とする大気汚染に起因するぜんそく患者が増加したことによるものだった。

塩浜小学校においても50人以上の児童がぜんそくを発症。市内の小学校の中でも最大の被害を記録する。「四日市公害と環境未来館」の展示でも紹介されているが、子どもたちには公害マスクが配られ、１日に何度もうがいをさせられたという。

結局、校歌は１９７２年に「南の国から北の国　港出てゆくあの船は　世界をつなぐ日本の　希望の希望の象徴です」と改められたが、ちょうど変更時期に卒業を迎えた子どもたちは校歌を歌うことができなかった。

校歌の話には続きがある。塩浜小学校は近隣の小学校の児童数減少を受け、統合したことから新たな校歌が制定された。公害を学ぶ授業などでも取り上げられてきた前校歌がなくなってしまうことには、反対の意見もあったという。

スイーツだらけ!?「赤福」以外のご当地餅を知る

三重の土産業界、「赤福」がしぶとく強いな。駅構内の看板の数がスゴいし、何箱も買ってる人が多いのにも驚いた。

伊勢神宮の内宮参道の赤福本店は行列ができてたし、外宮近くの店も混んでたね。

個人的には甘すぎる気がするけど。赤福とよく似た「お福餅」のほうが甘さ控えめだったかな。

二見浦（ふたみがうら）の近くの御福餅本家二見本店の1店舗だけで売ってるっていうのも赤福と真逆の姿勢で潔い。

どちらもお伊勢参りの旅人に提供していたっていうけど、赤福の知名度が高すぎて、パクリと誤解されるよな。

そういや三重県、他にも甘い餅菓子の類いが多い気がする。

レイコ オススメの食べたい！

「赤福」の外宮前店や本店など、店内メニューがある店舗も。私たちは赤福ぜんざいを食べましたが、つけ添えの塩こぶがいいアクセントに。夏はかき氷の赤福氷や冷やしぜんざいもあります。

北海道の「白い恋人」や京都の「八ツ橋」、沖縄の「ちんすこう」などのごとく、誰もが一度は口にしたことがあるであろう三重の代表的スイーツが「赤福」。三重県内だけでなく、中京・近畿圏の主要駅やサービスエリア、百貨店など広範囲を網羅している。三重土産業界のドン的存在だ。

創業は1707年。東海道新幹線開通に合わせていち早く、大阪、名古屋に直営店を出店、毎月1日の早朝に無事にひと月過ごせたことを感謝して神宮に参拝する「朔日(ついたち)参り」に合わせたその日限定の「朔日餅」を発売。伊勢神宮開門に合わせて本店は朝5時から開店するなど、伊勢ブランドを活かした商才でビジネスを伸長する。

これも〝伝統×革新〟の強さか。消費期限・製造日、原材料表示偽装事件が影響した時期もあったが、今も根強い人気を誇る。

〝赤福一強〟のようだが、県全体を見ると伊勢参りの参拝者に主に提供されたという甘い餅菓子、饅頭が異様に多い。

北勢では、桑名の「安永餅」、四日市は「なが餅」、鈴鹿市は「立石餅」。これらの3つの共通点が、細長い小判形で薄く、表面が軽く焼いてあること。参拝者に温かいお餅を素早く提供するために、早く火が通る薄い餅菓子が作られるようになったといわれる。

赤福とお福餅が、あんこを餅の中に入れずに、上に塗ったスタイルになっているのも、参拝者に提供する際の時間短縮のためともいわれている。

中勢エリアに入ると丸い餅が主流となり、関宿の「関の戸」、白玉を元に作られた「志ら玉」、さらに、津の「けいらん」は団子の生地でこしあんを包み、赤と黄色のもち米を散らしたもの。多気町では饅頭の上に飯粒を載せて松かさのような形にした「まつかさ餅」や、茶屋で人気だった女性、おきんさん手作りの餅が由来の「おきん餅」など。伊賀には、お福餅同様、赤福に似た「伊賀福」がある。

伊勢市に入ると、さらに餅屋が増え、二見街道沿いではきな粉をまぶした「二軒茶屋餅」、焼き色がついた団子皮にこしあんを包んだ「へんば餅」。当時、参拝者が乗ってきた馬を返した参宮街道、宮川の手前に店があったことから、「返馬」と名付けられたという。

その他、神話の「岩戸伝説」にちなんだ「岩戸餅」、志摩市では「さわ餅」などなど。どこまで餅菓子の宝庫なんだ、三重。

また、赤福は創業当時は塩あんだったが、1771年、砂糖あんに替え、集団参詣の「お蔭参り」が盛んになったのを機に人気商品になったという。ちなみに何かと赤福と比較されがちなお福餅だが、まねしたということではないらしい。

〝御福〟とは、二見興玉神社の天の岩屋に祀られる天鈿女命のことを指し、あんによる波形の模様も近隣の夫婦岩にそそぐ豊穣の波の形を模している（赤福は、伊勢神宮内に流れる五十鈴川を模している）。

また、機械製造の赤福に対し、お福餅はすべて手作りだという。大量生産をしないため、販売先も限られるということだろう。

腹持ちの良い餅、甘いあんで疲れを癒した参拝者たちに倣い、三重県内の数々の餅たちを食べ比べ、好みを探したい。

赤福（左）とお福餅（右）。やっぱり似ていますが、どちらもお伊勢参りの参拝者の疲れを癒し続けてきた歴史あるスイーツです。

世界初の真珠養殖に成功！〝真珠王〟の生涯をたどる

松阪牛を全国に広めた山路さん、世界初のエスカルゴ養殖に成功した高瀬さんにも驚かされたけど、世界に名をとどろかせたスケールの大きさでは、世界初の真珠の養殖に成功したミキモト創業者の御木本幸吉が圧倒的かな。

ミキモト真珠島にあった幸吉の銅像、迫力あったよね。

赤潮に何度遭っても絶対にあきらめない姿勢もスゴいけど、大学の研究者に真珠のことを教えてほしいと直談判したり、総理大臣の伊藤博文や天皇にまで大物にダイレクトに会いに行くパワーがスゴい。

今どき、いないタイプの経営者だよね。最近、海外でも日本の真珠は質が高いって再評価されてるみたいだけど、幸吉の功績は大きい！

レイコ　オススメの行きたい！

鳥羽にある「ミキモト真珠島（ミキモトパールアイランド）」は、幸吉が真珠養殖に成功した地であり、島丸ごと、ミキモトが経営するレジャー施設です。あのエリザベス２世も訪れたとか。

「世界中の女の首を真珠のネックレスで飾るのが、私の念願だ」と語り、96歳で天寿を全うするまで、生涯を真珠に捧げた男——鳥羽で世界初の真珠の養殖に成功し、現在も続く宝飾品製造・販売のミキモト創業者・御木本幸吉だ。

１８５８年、志摩国・鳥羽の港町でうどん屋「阿波幸」の長男として生まれた幸吉は、うどん屋のほか、海上運輸も手掛ける商才を持つ祖父に面倒を見てもらううちに、商売に興味を持つ。生計を立てるために青物の行商からスタートし、目をつけたのが地元のアコヤ貝から採れる名産品・真珠だった。当時、海女が海の底から獲ってくる天然真珠は朝廷や伊勢神宮に献納されており、中国などでは小粒の真珠が貴重薬の原料として高値で取引されていた。

アコヤ貝の乱獲に備え、カキの養殖ができるならアコヤ貝の養殖も可能ではないと考えた幸吉は、紹介を受けた東京帝国大学の研究室を訪ねる。動物学者・箕作佳吉（みつくりかきち）に教えを乞うと、英虞（あご）湾内の多徳島とその周辺の海でアコヤ貝の養殖への挑戦をスタートする。「真珠は天からの授かり物だ」と周囲に反対され、山師、真珠気狂いと批判され、赤潮に幾度も見舞われながらも１８９３年、世界で初めて半円の真珠の養殖に成功。１９０２年に多徳島に研究室を立ち上げ、本格的にまん丸な真円真珠の研究に取り組み、１９０５年、ついに真円真珠の養殖に成功する。

その不屈の精神に加え、幸吉の突出した才能が、抜け目のない商売人でありながら、どこか憎めない〝人たらし〟なところだ。

幸吉の生涯を描いた『幸吉八方ころがし　真珠王・御木本幸吉の生涯』（文春文庫）には、「生涯いわゆる名士好きだった」と記され、当時の日本水産会幹事長の柳楢悦（ならよし）を通じ、東京帝国大学の研究室に箕作や佐々木忠次郎といった学者たちを訪ね、さらに総理大臣・伊藤博文に会いたいと部屋付の女中に金を握らせ、面会を果たした逸話が紹介されている。

また、幸吉はそれまでの真珠養殖の研究が認められ、明治天皇に拝謁する栄誉を与えられた。真円真珠の養殖は発展途上の段階であったが、幸吉は天皇に対し「世界中の女性の首を真珠でしめてご覧に入れます」と大見えを切り、周囲をあわてさせる。その後、言葉通り、真珠の養殖技術を完成させる。

さらにＶＩＰをもてなすために迎賓館「朝熊閣」を建て、戦後に志摩の真珠が世界中で注目を集めると、この場所にＧＨＱ（連合国軍最高司令官総司令部）の将校たちが続々と押し寄せる。その結果、世界に流通する真珠の大半を志摩産が占めることとなる。

まさに言行一致というべきか。同書には「一生自分のホラを追いかけて、その実現を期した男とも云える」。そして「この人に逢ってみたい」と思うと、必ず目的を果たし、そこから「幸吉びいき」が現れると記される。稀有な能力を持つ人物だったことは間違いない。

真珠養殖成功の背景には、英虞湾ならではの「水温が13℃以上、プランクトンが豊富、潮の流れが良い、波が穏やか」といった自然の条件が味方をしてくれたのも大きい。

昨今、ＳＤＧｓへの関心からも産地が明確で、計画的に養殖された質の高い日本の真珠に中国や香港を始め、世界から改めて注目が集まっている。クラシカルなイメージの真珠が、新しい輝きを放ち、改めて世界中の女性を飾る日も近いかもしれない。

「ミキモト真珠島」では、海女の実演も見ることができます。そして、鳥羽に行ったらやっぱり伊勢エビ。刺身はプリプリとウマい！

味噌汁は赤味噌&アオサと知る

三重っておいしい食材の宝庫だけど、朝食で出てくる赤味噌仕立ての味噌汁って、どうも苦手だったなあ。具がワカメよりアオサが主流というのも初めての経験だった。

赤味噌とアオサがデフォルトだったよね。アオサの香りを活かすならすまし汁のほうが良い気もしたけど、やっぱり赤味噌大好き文化だから！　郷に入っては郷に従えということかな。

アオサの天ぷらや茶わん蒸しはかなりウマかったなあ。

味噌は地域によって違うからね。家庭の味噌汁も赤味噌がポピュラーなんだろうね。

レイコ　オススメの知りたい！

アオサと併せてなめこも三重では人気の具。赤味噌は大豆を原材料にじっくり熟成し、色味が赤っぽく、東海地方を中心に使われる味噌で豆味噌と呼ばれます。塩分濃度はちょっと高めかな。

真珠同様、穏やかな内湾性の海域を絶好の条件に、養殖されている食材がある。アオサだ。

実は、全国で生産されているアオサ（ヒトエグサ）の約6割は三重県産。

１９７０年代に三重県で養殖技術が開発され、リアス式海岸で緩やかな波当たりが特徴の伊勢湾、英虞湾、そして熊野灘沿岸の松阪市から鳥羽・志摩、紀北町まで、県内の広い範囲で養殖されている。

特に伊勢湾は、水質日本一の清流である宮川や木曽三川などから注ぎ込む栄養豊富な河川水と、太平洋からの黒潮が混じり合う、数々の好条件が重なる養殖の漁場となっている。

よって、県外ではたまに見かける程度のアオサが、三重では多く食卓に登場する。特に多いのが味噌汁。具はワカメよりアオサのほうが主流で、赤味噌仕立てで提供されるのがご当地流だ。

また、おいしさだけでなく、抗腫瘍作用やコレステロール低下作用などの研究が進められ、ラムナン硫酸を多く含むことから、機能性食品としての可能性にも注目が集まっている。土産物売場にも多く並ぶ、三重の海が育む〝青い奴ら〟。フリーズドライのものなら、持ち運びの軽さも土産として最適だ。

日本有数の雨どころアリ。多種多様な気候を知る

尾鷲、ピーカン。メチャ天気いいね。海もキレイだわー。

でも、尾鷲って全国でも雨が多いエリアっていうよな。降ると土砂降りらしい。

三重って、南北に長いし、山間なのか海沿いかでも気候が違うよね。

北勢の菰野（こもの）とか津でも山間部はすごく寒くて、志摩辺りまで南下してくると結構暖かい。服装が難しい……。

特に山間は天気が変わりやすいからね。津でも白山（はくさん）は「白山天気」っていって晴天から急に大雨に変わることがあるって本で読んだ。

冬の松阪はからっ風が強かったー。鈴鹿山脈から吹いてくる鈴鹿おろしな。

やっぱりエリア差は大きい！

尾鷲はウマい魚の宝庫。絶好の釣り場でもあります。東京でも自宅の近所の居酒屋「中戸川」で尾鷲産の魚をよく食べてますが、尾鷲の名店「鬼瓦」では珍しいクモエビを食べました。ウマい！

「弁当忘れても傘忘れるな」。県南に位置する尾鷲市は、そんな言い伝えがあるほどで、雨量は全国トップクラス！　そんな屈指の雨どころがある三重県は県全体で気候の特性を見ると、実に多種多様。県土が南北に長く、西は山、東は海に囲まれ、平野、盆地、山地と地形の複雑さゆえで、移動の際の気候の変化には注意が必要だ。

大きくは次の5つの気候特性に分けられる。津を中心とする「伊勢平野」は平均気温15℃前後で一般に温和な気候。冬は鈴鹿山脈やその山麓から乾燥したからっ風、鈴鹿おろしが吹く。伊賀の「上野盆地」は、冬は寒さが厳しく、夏は40℃を超したことも。気温の変化が大きく、典型的な内陸盆地気候。降水量は少なく、霧の発生率が高い。

「鈴鹿山麓」は、降水量は年間2200～2400㎜と比較的多く、県内でも雪が多く降るエリアで、北部山麓では1m超の積雪を記録したこともある。

「熊野灘沿岸」は紀伊山地が北西の季節風をさえぎり、南岸に暖かい黒潮が流れていることから県内で最も温暖多雨の地域。特に尾鷲から大台ヶ原山系一体は屈指の多雨地帯で、尾鷲の年平均降水量は約4000㎜にも及ぶ。バケツをひっくり返したような土砂降りの雨が特徴だ。鈴鹿山脈の山頂部の「山地」は、冬は多いときには2mを超す積雪を記録し、大台ヶ原山系を含む紀伊山地は多雨地帯としても知られる。

G7伊勢志摩サミットの名残を探る

伊勢志摩サミットで使われたテーブルが展示されてたり、作家・山崎豊子さんや天皇家が定宿にしてたりとか、志摩観光ホテルは、さすがの歴史って感じだったね。

『華麗なる一族』の舞台になったんだっけ。歴史と眺めはいいんだけど、サービスがやや古風というか。メニューもアワビのステーキのバターソースとか、伊勢エビのアメリカンソースとか、トラディショナルだったな。

でも、地元の食材を使ったフランス料理って、当時は斬新だったのでは？

これも伝統と革新か。三重っぽい。

根強いファンもいるんじゃない。親子3世代で来てますって感じのファミリー客も結構いたしね。

レイコ　オススメの行きたい！

志摩観光ホテルの最大の魅力はやっぱり眺め。日没、日の出共にホテルから眺めましたが、緑豊かな小さな島々が織りなす景色、天気が良ければ日の光が空を紅色に染める様も素敵です。

「陽(ひ)が傾き、潮が満ちはじめると、志摩半島の英虞(あご)湾に華麗な黄昏(たそがれ)が訪れる。」

山崎豊子の著書『華麗なる一族』はこんな一節から始まる。

『万葉集』にも詠まれたという歴史を擁する伊勢志摩の賢島(かしこじま)。ここにまさに三重らしいクラシカルな歴史が息づき、『華麗なる一族』の舞台ともなったホテルがある。伊勢志摩を代表する一流ホテルの１つ、志摩観光ホテルだ。

山崎豊子が定宿とし、『白い巨塔』『沈まぬ太陽』などの執筆の際には必ず宿泊。皇族の三重宿泊の際にも使われたという、いわゆる宮内庁御用達のホテルでもあり、建物の意匠設計は村野藤吾が担当。物資の乏しい時代に村野がかつて手掛けた三重県鈴鹿の海軍工廠高等官集会所の柱や梁を移築して建設されたという、重厚な歴史が根付く。

何よりこのホテルの名を国内だけでなく世界に知らしめるきっかけとなったのが、２０１６年、G7伊勢志摩サミットが行われたことだろう。ホテルの一角には、サミットで使われた、上質な尾鷲ヒノキで作られたテーブルが各国の国旗と共に展示されている。

また、当ホテル第5代総料理長を務めた高橋忠之は、「ガストロノミー」の考え方を重視。伊勢志摩で料理を作ることにこだわり、当時、業界を驚かせた地元食材を使った「鮑ステーキ」や「伊勢海老クリームスープ」は、今も看板メニューとなっている。

海女さんの数、日本一の地

海女っていうと朝ドラの『あまちゃん』のイメージで、三陸に多いイメージだったけど、実は志摩半島が海女漁の本場だったんだね。

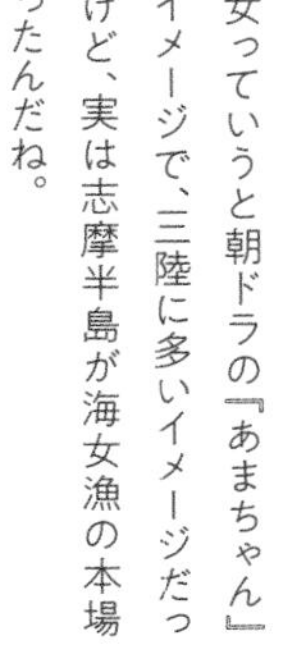

鳥羽市立の「海の博物館」でもいろんな展示があったけど、多いときには6000人、今でも500人以上の海女さんがいるってスゴいな。

朝廷や伊勢神宮にアワビとかの海産物を献上していたのも大きいんだろうね。

確かに。御木本幸吉も真珠養殖の前にはアワビに着目してたっていうし。

残念だったのは、現役の海女さんがいる『相差かまど』で海女小屋体験をする予定が、バスの乗り場を間違って行けなかったこと。

……痛恨の極みだった、あれは。

レイコ オススメの行きたい！

海女は大漁の願掛けと魔除けのため、頭に巻く手ぬぐいや道具に星形と格子状の「セーマン・ドーマン」と呼ばれる魔除けマークをつけていたそう。「海の博物館」で展示を見ることができます。

３０００年以上にわたって、素潜りで漁をする海女の歴史が紡がれ、今も約５１４人（２０２２年。海の博物館調査）の海女が現役で活躍。日本一の海女の数を誇るのが鳥羽・志摩エリアだ。リアス海岸として知られる志摩半島は比較的浅い海が沖合まで続き、根を張って育つ海藻類をエサにアワビやサザエが多く生息している。古くから絶好の漁場として知られ、海女たちは決められた潜水時間〝50秒の勝負〟で、海に潜り続けてきた。

また、志摩半島・熊野灘は黒潮暖流で獲れる魚の種類も豊富だ。特にボラ網漁やブリ・カツオ漁が盛んで、かつお節も古くから作られてきた。海産物は漁師・海女の生活を支えるとともに、伊勢神宮に献上され、神様の食も支えてきた。『日本書紀』によると、倭姫命（やまとひめのみこと）が伊勢志摩を神様のごちそうどころとして、この地を「御食国（みけつくに）」と名付けたのも魚や貝などが豊かだったため。鳥羽・志摩の海女漁は生業以外にも重要な役割を担ってきたのだ。

鳥羽市国崎町には倭姫命と海女の元祖〝おべん〟の出会いから始まったといわれる「のしアワビ」作りと、それを伊勢神宮へ献上する行事「調進」が今に伝わる。お祝いなどを贈る際に用いる「のし袋」は、贈答品にのしアワビを添えたことに由来する。

鳥羽・志摩の海にまつわる歴史や言い伝え、海女や漁について知るならば、「鳥羽市立海の博物館」を訪れたい。昔、全国で使われていた木造船など、貴重な展示が見られる。

日本三大商人！三井グループの家祖をたどる

松阪って、松阪牛のイメージしかなかった。豪商を生んだ町だったとは知らなかったな。

ここが三井財閥の発祥の地だって。三越のライオン像が……。三越の前身って三井家が江戸で開いた呉服屋の「越後屋」なんだ。なるほど。

越後屋っていうと、時代劇で出てくる悪代官とつるんでる悪者イメージが強いけど。「越後屋、お主も悪よのう……」って。

そんなエピソードが語られるほどやり手だったっていうことなんじゃない。伊勢商人って大坂商人、近江商人と並ぶ日本三大商人だったんでしょ。

確かに越後屋は京都に「三井両替店」を開いたり独特な商売方法で栄えたらしい。これが今の三井グループにつながったんだな。

ヒロシ オススメの知りたい！

『古事記』の初の注釈書『古事記伝』を世に出した国学者の本居宣長も松阪市の伊勢商人の家に生まれました。約 35 年の月日を費やし、『古事記』の史書としての価値を見いだしたパイオニアです。

２０２３年、創業３５０周年を迎えた三越。この年のメディア向けイベントでお披露目された限定販売のギフトが、金箔をちりばめた饅頭、その箱の下に純金の小判。時代劇で出てくる饅頭の下に小判を隠して渡すという悪代官と越後屋のやりとりを模したものだ。

老舗・三越がこんなシャレのきいた商品を開発したのは、越後屋が起源である三越呉服店の前身の屋号ゆえ。その呉服店・越後屋を江戸に開いたのが、伊勢・松坂から下った三井高利。後の三井財閥（三井グループ）の祖に当たる。

三井家以外にも、国分グループの國分勘兵衛、東洋紡や岡三証券の創設メンバーなど、この地、松阪市が生んだ実業家は多い。伊勢商人と呼ばれ、大坂商人・近江商人と並ぶ「日本三大商人」と称されたゆえんだ。

今も市内には武家屋敷や豪商の旧宅などが残るが、松阪を商業の街へと発展させる立役者となったのが松坂城を築いた蒲生氏郷（がもううじさと）だった。氏郷は築城とともに下町の経済発展を図るため、城下町を整備し、近江日野や伊勢大湊から有力な商人を誘致。敵の侵入を阻むため、道沿いの敷地は直線ではなく、ノコギリの歯のようにギザギザに区画した。ギザギザ道の名残は今も見ることができる。また、氏郷は松阪（当時は松坂）開府の祖として今も親しまれ、氏郷を称えた「氏郷まつり」が毎年開かれている。

近代経営の元祖。イオン王国を知る

やっぱり創業の地！　三重ってあちこちでイオンの看板が目立つね。

イオンって吸収合併で、どんどん拡大してきたイメージだけど、小売業の中でも複式簿記とか今でいう就業規則とか近代的な経営スタイルを取り入れた元祖でもあるんだよな。

セブン-イレブンを大きくした鈴木（敏文）さんとか、やっぱり創業者は偉大だよね。地方ではイオンモールの進出で町の商店街が衰退して、その後、あえなく撤退したりで問題になってるけど、一方で貴重な娯楽施設だったりするしね。

創業者の次男で立憲民主党議員の岡田克也はいまいちパッとしない印象だけどなー……。

ヒロシ　オススメの知りたい！

岡田家にはいろんな家訓があって、その１つが「下げにもうけよ、上げでもうけるな」。1920年の恐慌下、在庫の価格を値下げして売り、さらに値下がりした品を仕入れて破格値で販売したとか。

小売業界において、売上高、時価総額でトップ３に入るイオングループ。今や小売業という枠を超え、金融業やデベロッパー事業も展開する日本を代表する一大企業グループだ。１７５８年、四日市で初代・岡田惣左衛門が岡田屋呉服店をスタートしたのに端を発し、現在の小売チェーンとしての礎をつくったのが、積極的にＭ＆Ａを行い、スーパー・ジャスコを経て、イオングループを立ち上げた岡田家7代目の岡田卓也。

岡田家は呉服店時代から、今でいう貸借対照表のような見競勘定、就業規則（店規則）、株式会社化した後は複式簿記をいち早く導入するなど近代的な経営を実践してきた。その根底にあるＤＮＡの１つが岡田家の家訓「大黒柱に車をつけよ」だ。

店を家の大黒柱にたとえ、客や時代の変化に対応し、本来動かしてはならない大黒柱を動かして対応すべき。つまり、「立地の良い場所、発展性の高い場所」、客にとって、「便利な場所、必要な場所」があれば、迷わずに店舗を移すべきという意味で、実際、１９４６年、岡田屋社長に就任した卓也は、周囲の反対を押し切って、長く本店を置いた地を離れ、人通りの多い場所に店を移転。その後の大きな飛躍につながった。ジャスコからイオンへの社名変更の際も反対の声は多かったものの敢行。「大黒柱に車をつけよ」の教えに倣い、「大企業病」を避けるには革新力が大切だと、卓也は後に述懐している。

イオン発展の陰の立役者を知る

菰野町の「パラミタミュージアム」って、イオンの岡田卓也さんのお姉さん、小嶋千鶴子さんが建てたんだよね。

うん、旦那さんで画家の小嶋三郎一（さぶろういち）さんの作品も展示されてるけど、メインは池田満寿夫の作品らしい。

池田満寿夫って一時期、テレビに出てたよね。私的には小説の『エーゲ海に捧ぐ』で芥川賞を取ったイメージが強いけど。ほー、陶芸の「般若心経シリーズ」だって。迫力あるね。

千鶴子さんも、ジャスコの経営を陰で支えて、引退後に、独学で陶芸をやってたっていうから、池田満寿夫の陶芸にほれ込んだんだろうな。

美術館を私財で造って、千鶴子さん亡き後もしっかり維持されているのはスゴいね。

レイコ　オススメの行きたい！

菰野町は湯の山温泉や、総合リゾート「アクアイグニス」など観光スポットが盛りだくさん。パラミタミュージアムにも立ち寄り、併設の庭園の鈴鹿山脈に植生する植物、彫刻もぜひ堪能ください。

「姉、千鶴子がいたからこそ、現在のイオンの繁栄があることは間違いありません」

イオングループ創業者・岡田卓也は自著『小売業の繁栄は平和の象徴』の中でそう記す。

そう。イオンが一大小売企業に成長した立役者というと卓也ばかりに目が行きがちだが、父母を若くして亡くし、弱冠・23歳で岡田屋呉服店の代表となり、卓也が大きくなるまではと結婚も延期。卓也を支え続けてきた姉・(小嶋)千鶴子の存在は大きい。

『イオンを創った女　評伝小嶋千鶴子』(プレジデント社)には千鶴子がCHRO(最高人事責任者)の祖として、人事・組織経営をいかに実践していったかが描かれている。

目指していた小売業のチェーン化を実現するには、多くの優秀な人材が必要不可欠だ。そこで、自ら学校を回って、人材を集め、1963年には大卒者の定期採用も本格的にスタートする。女性社員の戦力化、パートタイマーの雇用も先駆けて行い、お茶やお花を習わせるなどしつけも重視し、高校からはトップクラスの生徒が推薦されるようになる。

また、1964年には、高校卒の男子社員を対象に、企業内大学OMC(オカダヤ・マネジメント・カレッジ)を発足。OMCでは人間形成のための教養課程と経営学を中心としたカリキュラムが組まれ、その後のジャスコ大学(現・イオンビジネススクール)の設立につながる。社員食堂の食事にも気を配り、社員に加え、取引先である問屋の社員も利用するようになり、良い商品が品切れなく納品される好循環も生み出すこととなった。

合併を経て岡田屋からジャスコになっても、人材育成を経営の基盤に置き、人事制度・待遇、労働条件、用語の統一などの具体的な施策を打ち出す。「言葉は思想であり知識である」という考えに基づき、社是を定め、ジャスコの信条、ジャスコの誓いを作り、全社員に配布し、唱和をさせた。

さらに念願だったジャスコ厚生年金基金（現・イオン企業年金基金）、ジャスコ健康保険組合（現・イオン健康保険組合）を設立し、1971年には、従来の週1回の定休日だけでなく、年間120日の有給休暇を定め、1時間ごとの分割取得も可能にする。その他、販売コンクール、チェッカーコンクール、POPコンクールなど、社員のやる気向上のための新しい施策を打ち出し、1977年、60歳の定年とともに退任した。

イオンの成長戦略であったM&Aを成功させるには、異なる組織、人間、文化をいかに統合していくかがキモとなる。その内部固めを一手に引き受けた千鶴子は、やはり書名の通り、「イオンを創った女」といっていいだろう。

自社グループ内だけでなく、イトーヨーカ堂時代の鈴木敏文や、ファーストリテイリング創業者の柳井正など、日本を代表する名経営者の中にも千鶴子に学んだ人は多い。

38年間、経営に携わった千鶴子は、常勤監査役、相談役を経て、1989年、73歳から陶芸を始め、2003年、個人の美術館として「パラミタミュージアム」を設立。若手芸術家の育成や、家庭の事情で進学を断念せざるをえない子どもに奨学金を給付する「公益財団法人岡田文化財団」（理事長・岡田卓也）を設立し、2005年、美術館も同財団に寄付した。美術館の目玉は千鶴子がほれ込んだという池田満寿夫の晩年の代表作品である般若心経シリーズの陶彫の数々。夫・小嶋三郎一の作品、若手芸術家の作品も展示される。

「問題あらへんか？」。社員に会うと、そう声をかけていたという千鶴子の〝人〟の育成に生涯をかけてきた厳しくも深い愛に思いをはせつつ、美術館も巡りたい。

「パラミタミュージアム」がある菰野町は、2012年、総合リゾート商業施設「アクアイグニス」が誕生。ファミリーや若い世代も多く訪れるようになっています。

二見浦の夫婦岩の日の出をウォッチ

伊勢神宮では、鳥居越しの日の出の撮影、寒さに負けて断念したもんね。二見浦(ふたみがうら)の夫婦岩はバッチリ撮るぞー！

んっ？　黒山の人だかり……。

あんなに大勢、日の出を撮影するために待ってるの？　自分たちも来ておいてなんだけど……（笑）。急いで場所取りしないと！

そんなにアセんなくても大丈夫だよ。

朝日が出てきた。夫婦岩をバックにキレイだねー。よーし、撮るぞー。

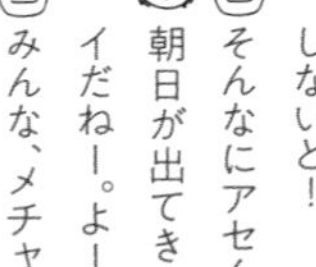

みんな、メチャクチャ写真撮ってんなー。レイコもまだ撮るの？　寒いし、いいかげんに帰ろうよ。

いやいや、まだまだベストショットを！

レイコ　オススメの行きたい！

最寄りの二見浦駅は夫婦岩を模した形で、２つの岩が寄り添うような駅舎になっています。伊勢市でも伝統ある観光地にある二見浦駅ですが、なんと無人駅！　やっぱり三重、不思議。

伊勢湾に注ぐ五十鈴川の三角地帯、二見浦。

平安時代以来、伊勢の名勝地として知られ、天気が良ければ、松の木が並ぶ海岸線、砂浜、青い海と空の美しいコントラストを堪能できる。

この沿岸にある二見興玉神社は、県内でも参拝者の多い神社として知られる。境内の磯合にある夫婦岩は、2つの岩が寄り沿う夫婦のように見える様から、古くは浮世絵などのモチーフとなり、今も縁結びのシンボルとして人気だ。

だが、古来、この地はお伊勢参り前の禊（みそぎ）として、潮水を浴びて心身を清める場所であり、本来、夫婦岩は、興玉神石を拝むための鳥居という位置づけだという。

今でも式年遷宮の行事などへ参加する者は、二見興玉神社を参拝し、夫婦岩の沖合約700mの海中に沈む、祭神・猿田彦大神ゆかりの興玉神石から採取した無垢塩草（むくしおくさ）で身を清めるお祓（はら）い（浜参宮）を受ける。

また、同神社の神の使いはカエルとされ、境内の手水舎に構える「満願蛙」は、水をかけると願いがかなうといわれる。その他にも敷地内には無数のカエルの像が並んでいるが、これらは参拝してご利益を受けた人々が次から次へと奉納したため。「無事に帰る」「お金が返る」など、「カエル」にかけたゲン担ぎの参拝者も多い。

5～7月は、夫婦岩の間から昇る朝日を見ることができ、10～1月の満月のころは、夫婦岩の間から昇る月を鑑賞できる。〝旬の時期〟を外しても、地平線から昇る太陽、月を夫婦岩越しに望めば、何かご利益がありそうな気分になれる。

併設される二見浦海水浴場は、1882年、日本で初めて公共の海水浴場に指定された場所。ヨーロッパで健康増進法の1つとして海水浴が見なされたためで、皇太子時代の大正天皇も来訪し、水泳訓練を行った。

歴史ある観光地として、近隣には創業300年超の、昭和天皇も泊まったという「朝日館」など、歴史を感じさせる古い旅館や土産物店が並ぶ。参拝後は、古い町並みを眺めながらぶらり散歩もいい。

お伊勢参り前の禊として海水を浴び心身を清める場だった二見浦
夫婦岩が夫婦円満のシンボルとして人気！
駅舎が夫婦岩の形だ！
人気観光地なのになぜか無人駅…
日本で初めて公共の海水浴場に指定された二見浦海水浴場もある
海も空もキレイ！
だが早朝の二見浦は決戦の場に
夫婦岩から昇る日の出を撮影！
うわっ！あんなにもう人がいっぱい！
そんなにアセんなくても大丈夫だよ
日の出キター！
パシャ
パシャ
パシャ
いいかげんもう帰ろうよ
日の出の撮影となるとなぜか燃えるレイコであった

三重スポーツ界の悲劇のヒーローを知る

三重の地元スポーツチームというと、ピンと来ない人が多いかもだけど、実は三重出身の有名なスポーツ選手が結構いるんだよな。オレの世代的にはレフティモンスターの小倉隆史。

レフティモンスター？

左足から繰り出す強烈なシュートで名門・四日市中央工業高校で活躍して、全国大会で帝京高校と同時優勝した時は話題になったなー。海外に行って、日本のサッカーを変えると期待していたのに、ケガをして以降、復活せず、残念だった……。

さすが高校サッカー、くわしいね。

あと、野球選手だと投手の沢村栄治。

あの沢村賞の〝沢村〟？

そうそう、沢村賞は知られてても、彼の悲劇は案外知られてないんだな。

ヒロシ　オススメの行きたい！

悲劇の投手・沢村栄治のゆかりの地、宇治山田駅前の明倫商店街内には沢村が残した言葉「人に負けるな　どんな仕事をしても勝て　しかし　堂々とだ」の文字が刻まれた〝全力石〟があります。

地元スポーツチームとしては、総合型地域スポーツクラブの「ヴィアティン三重」が躍進中だが、全国的知名度としてはこれからといったイメージの三重。だが、実は著名アスリートを多く輩出している県であり、その中にはどこか悲劇を背負ったヒーローがいる。

サッカーでは、数多くのプロサッカープレイヤーを輩出している四日市中央工業高校（四中工）出身の小倉隆史。

同校出身では、2022年、サッカーワールドカップのドイツ戦で逆転ゴールを奪い、一躍、名を上げた通称〝ジャガー〟、菰野町出身の浅野拓磨（現・ブンデスリーガ・VfLボーフム所属）の存在が記憶に新しい。だが、一定世代から上のサッカー好きの間で、四中工出身のサッカー選手といえば、その悲劇のストーリーも相まって小倉の名が筆頭に挙がる。通称・レフティモンスター。左足から繰り出す強烈なシュートを得意としていたことからスポーツジャーナリストの金子達仁が名付けたという。

四中工時代は、3年生の全国大会で帝京高校との両校同時優勝を果たしたことで一躍、有名に。現在の名古屋グランパスに入団し、念願だった海外へ渡る。アトランタオリンピックに向けた代表チームからの招集で帰国後の活躍が期待されるが、1996年、オリンピック最終予選直前に負った大ケガを機に、運命が狂ってしまった。

手術、リハビリ後も得意の左足からのシュートが戻ることなく、引退。その後は解説者としての活躍を経て、かつて所属していた名古屋グランパスでGM補佐を務める。セカンドステージで再び活躍！と思いきや成績不振により契約を解除される。

その後、四中工時代の優勝メンバーだった中田一三が設立したFC・ISE－SHIMAにクラブアドバイザーとして加わり、監督に就任。ユニフォームのスポンサーは、三重県津市に本社を置く「おやつカンパニー」。東海社会人リーグからのJリーグ入りを目指している。

さらに歴史をさかのぼると、宇治山田市（現・伊勢市）出身の野球選手、悲劇の投手といわれた沢村栄治。その名にピンと来なくても、毎年、プロ野球で年間を通して最も活躍した先発完投型投手に贈られる「沢村（栄治）賞」は耳にしたことがあるのではないか。

若くして伝説の名投手との名をものにするも、歴史に翻弄され、短い選手生命に終わった沢村をたたえるため、戦後、間もない１９４７年に創設されたものだ。

武器のストレートは、当時で、あの令和の怪物・佐々木朗希ばりの時速１６０㎞。１９３４年、日米野球のマウンドに上り、ベーブ・ルースほか、米国球界のそうそうたるメンバーと対峙し、連続奪三振の記録を成し遂げる。

その後、新たに発足した日本プロ野球リーグで大日本東京野球倶楽部（現・読売ジャイアンツ）の投手として活躍し、日本プロ野球史上初のノーヒットノーラン、最高殊勲選手（ＭＶＰ）に選出されるなど、日本の野球界黎明期のスター選手となった。

しかし、沢村の輝かしい野球人生は、その後の戦争によって終わりを迎える。日中戦争拡大による徴兵で3回も出兵し、重い手りゅう弾の投げすぎで肩を壊す。終戦前年、１９４４年、乗っていた輸送船が魚雷攻撃され、撃沈。27年という短い人生を終えた。

沢村の生誕地であり、伊勢神宮のお膝元・近鉄宇治山田駅前には彼の銅像が立つ。独特の左足を高く振り上げた豪快なフォームが印象的だ。

近鉄宇治山田駅前の左足を大きく振り上げた豪快なフォームの沢村栄治の銅像を始め、様々なモニュメントがあります。時代が違えば、メジャーでも大活躍できたはず。

オリンピック級のスター選手の足跡をたどる

伊勢神宮前の観光案内所にポスターが貼ってあったけど、「野口みずき杯」なんてマラソン大会が開かれてるんだね。

野口みずきもそうだけど、三重出身のマラソン選手といえば、やっぱり瀬古（利彦）だろー。瀬古もいろんな大会で優勝してるけど、オリンピックではメダル取れなかったんだよな。

選手時代も有名だったし、今もバリバリ解説者で活躍してるのに、意外！

そう、瀬古も悲劇のランナーなんだよ。ここにも悲劇がまた……。

レスリングの吉田沙保里さんも三重出身らしい。

なんと霊長類最強女子も生んだ三重。はたまた意外にもオリンピック級の名選手ぞろいだね。

レイコ　オススメの知りたい！

吉田沙保里の後輩で、松阪出身の土性沙羅はリオ五輪、四日市出身の向田真優は東京五輪で金メダルを獲得。北京五輪で入賞したバドミントンの〝オグシオ〟の小椋久美子は川越町出身です。

伊勢市が生んだスポーツ選手で頂点を飾ったのがマラソン選手の野口みずき（生まれは静岡県）。アテネオリンピックの女子マラソンで金メダルを取った功績をたたえ、出身の宇治山田商業高校時代にトレーニングで走ったコースは「野口みずき金メダルロード」と銘打たれ、記念碑もある。毎年12月、伊勢市の三重県営サンアリーナをメイン会場に開かれる「野口みずき杯　中日三重お伊勢さんマラソン」も人気だ。

一方、同じマラソン選手でもオリンピックに泣かされたのが桑名市出身の瀬古利彦だ。今も解説者として活躍し、現役時代も数々の大会で優勝した経歴を持つが、モスクワオリンピックでは金メダル確実といわれながら、世界で巻き起こったボイコット問題で不参加。金メダルが期待されたロサンゼルスオリンピックではまさかの惨敗を喫した。

レスリング選手として、霊長類最強女子の名をものにした吉田沙保里は現在の津市出身。4連覇を目指したリオデジャネイロオリンピックでは、主将を務め、金メダルを狙うが、惜しくも銀メダルに。日本選手団歴代の主将は金メダルを取れないというジンクスを、さすがの吉田も破ることはできなかった。津市には、自身の名を冠した屋内総合スポーツ施設「サオリーナ」がある。

意外にもスポーツ選手のドラマがあふれる三重。その足跡をたどってみるのもいい。

忍者推しが強すぎる！伊賀を探訪

忍者がデザインされた列車がガンガン走ってる。松本零士のイラストとは豪華。伊賀鉄道、がんばってるね。そして終点の伊賀上野駅は、通称「忍者市駅」を看板にドーンと打ち出してるわ。

忍者推し強いなー。

忍者の扮装してたら割引になるレストランがあったけど、本当に忍者の扮装してる子どもが結構いるね。「伊賀流忍者博物館」も賑わってるわー。

でも、忍者ってどうもフィクションっぽい要素が多くて、展示を見てもピンと来ないんだよな。織田信長と戦ったり、服部半蔵が徳川家康に仕えたりしてたのは史実のようだけど。

子どもとか外国人には喜ばれそうだけどね。

ヒロシ オススメの食べたい！

伊賀名物の「豆腐田楽」を食べられるのが地元の老舗「田楽座わかや」です。炭を使って味噌味の田楽をじっくり焼いて提供。味噌味は、私たちにはちょっと辛めでしたが、白飯によく合います。

伊賀鉄道伊賀線には著名漫画家・松本零士が描いた忍者のイラストが目を引く忍者列車が走り、街中には忍者のオブジェが点在。伊賀流忍者博物館では、忍者屋敷での仕掛け（からくり）の体験、歴史や手裏剣などの展示が楽しめる。やや暑苦しいほど、街全体で〝忍者〟色を強力にプッシュしているのが伊賀市だ。

伊賀流は甲賀流と並ぶ、日本における忍者の流派。元々、小領主が多い地でゲリラ戦が多く行われていたのが源流で、農業のかたわら、依頼があれば隠密活動にいそしんでいたといわれる。地質が農業に向かず、生計を立てるためという背景もあったようだ。フィクションめいた言い伝えも多いが、織田信長と戦ったり、江戸時代には徳川家康に仕え、「伊賀越え」で活躍したなどの史実が残る。

また、伊賀市で400余年の歴史を誇る秋祭りが「上野天神祭」。駅に程近い「だんじり会館」では、珍しい「鬼行列」の動画や、豪華絢爛なだんじりも見学できる。百数十体の鬼の扮装や祭礼絵巻のようなだんじりが最大の見どころで、「上野天神祭のダンジリ行事」はユネスコ無形文化遺産に登録されている。だんじり会館には「忍者変身処」が設けられており、ファミリーにも人気だ。

日本一高い外壁で知られる上野城も見応えがある。ご当地名物の豆腐田楽も楽しみたい。

名古屋めしの〝三重発祥〟説を探る

近鉄名古屋駅の売店で、天むすの元祖という三重「千寿」の天むすを買ってきたぞ。

へー、名古屋の天むすってエビ天がドーンと派手に載ってるけど、これはエビ天がご飯に隠れてて見た目もシンプル。小ぶりだし、あっさりしてて、私、好きかも。

見た目が地味だけど、小さめサイズがちょうどいい。控えめな感じが三重っぽいかもな。ひつまぶしも津のうなぎ店が客に出せないうなぎを細かくきざんでまかないにしたのが発祥とかいうし、三重県人、宣伝下手なのかな。

伊勢うどんも「発祥の店」をうたわないのがルールらしいし、〝元祖争い〟をしない奥ゆかしさも、また良しだね。

レイコ オススメの行きたい！

本文にも出てくるミエにいたゾウ「ミエゾウ」の骨格標本が展示されいてるのが津市にある「三重県総合博物館（MieMu）」。お伊勢参りが流行した背景など、三重の歴史も学べます。

天むす、味噌カツ、ひつまぶしなどなど。一般的に名古屋めしといわれる、これらの名物グルメ。実は諸説ありつつ、三重発祥説が濃厚なものが散見される。

まず、三重が元祖と裏が取れているのが天むす。発祥は津市にある「めいふつ天むすの千寿」だ。元々は天ぷら専門店で、忙しい昼食に少しでも栄養のあるものをと、創業者夫婦の女将が夫にまかないで出したのが始まりだという。裏メニューとして常連客に出したところ大好評を博す。天むす1本で勝負しようと思い立ち、「必ずこれを名物に育てる」という決意を込め、あえて濁点を取り「めいふつ」と名付けたという。

なんとも奥ゆかしくも深い思いを感じるエピソードだが、それがなぜ名古屋名物にすり替わったのか、そのきっかけをつくったのが、千寿の天むすの味に魅せられ、名古屋市中区の大須にのれん分けで開業した「天むす千寿本店」だ。

名古屋という立地から芸能人が多く訪れるようになり、そのおいしさと気軽さから、差し入れに撮影現場などに持っていくケースが増えたことで評判に。テレビ番組でも紹介されるようになったことから「天むす＝名古屋名物」として広まることになる。

本店を名乗っているのはちょっとトリッキー……とはいえ、ルーツは三重、流行るきっかけをつくったのは名古屋。千寿の天むすは、津市の本店ほか近鉄津駅構内店、近鉄百貨店四日市店、近鉄名古屋駅構内店、名古屋エスカ店でも買える。共存共栄⁉　それとも三重県人はちょいお人よし⁉　その他にも味噌カツは津市の洋食店「カインドコックの家カトレア」発祥という説や、ひつまぶしも津市のうなぎ店で、客に出せないうなぎを細かく刻んでかき混ぜ、まかないとしてお茶漬けなどで食べたのが始まりという説も。いちご大福も、発祥は津市の「とらや本家」（製造法の特許を持っているのは東京都の「大角玉屋」）ともいわれる。

もう1つ、名古屋には関係ないが、元々は三重発祥だった意外なものが琵琶湖。コレ、冗談ではなくホント。三重県の上野盆地に誕生し、約四百数十万年前に断層の活動によってできた数km四方の窪地からスタート。当初は大山田湖と呼ばれ、約400万年かけて現在の位置に北上したという。

現在も琵琶湖は移動を続けており、1年に約1cmずつ北へ移動し、約100万年後には、琵琶湖は日本海に到達し、消滅する運命にあるとか。ついでに言うと、湖のほとりでは群れをなしてゾウが暮らしていたといわれる。その名もミエゾウ。「三重県総合博物館（MieMu（みえむ））」には、全身骨格標本が展示されている。全長約8m、体高約4mとマンモスやナウマンゾウより大きかったようだ。

天むす元祖の「千寿」の天むす買ってきたぞ
これが元祖！
なんか地味だな……名古屋のに比べると……
写真映えしない…
名古屋ver.
エビ天が小ぶりでちょうどいい！米がおいしい
味噌カツとかひつまぶしも三重発祥という説もあるらしい
天むすたしかにウマい！
声高に主張せずともさりげなく三重のモノと言いたい県民性!?
琵琶湖も三重発祥なんだって湖畔にはミエゾウっていう巨大なゾウが生息してたらしい
急に話の規模がデカくてよくわからん
三重、やっぱり不思議ランド

自虐PRから大逆転！志摩スペイン村の底力を知る

全国で遊園地の類いが続々と閉園している中、「志摩スペイン村」、30年近く続いているって強いな。

タクシーの運転手さんに連れてってもらって外観だけ見たけど、やや古びてる割に人がいっぱいでビックリした。

人気Vチューバーが志摩スペイン村を紹介してバズったらしい。

そういう時代なんだね。

経営する近鉄の最初の計画はリゾートマンションとかマリーナとか含めて、志摩半島を一大リゾート地にするつもりが、バブル崩壊で予算が大幅に縮小して、志摩スペイン村だけになったらしい。

身の丈サイズにして良かったのかもね。

神風が吹くまで続けたのもスゴい。

三重ならではの神のパワー!?

レイコ　オススメの知りたい！

運営する近鉄の社員は志摩スペイン村のテーマパーク「パルケエスパーニャ」のキャラクターたち、ダル、サンチョ、ドンキーなどの名前を新人研修で覚える!?……らしいです。

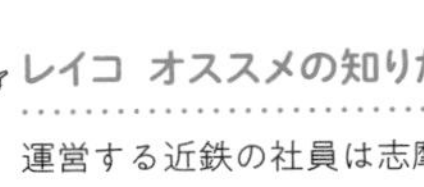

「待ち時間なしで乗り放題」「すいてるから写真を撮っても映える」などなど、「すいている」ことを逆手に取った自虐PRで売っていたのが、大逆転！

開門前の行列に、「珍しい光景」と当の運営側がポロリ本音を口にするほどに、2023年春、バズりまくったのが志摩市にある志摩スペイン村。テーマパークの「パルケエスパーニャ」を中心に、ホテルと温泉施設で構成されるリゾート施設だ。

1987年、通称「リゾート法」の施行に合わせて、近鉄が開発した施設で、観光客を呼び込むための策として、当初は志摩半島を別荘やリゾートマンション、ショッピングセンター、マリーナなどの海洋レジャー施設も含めた一大リゾートにする構想だった。だが、バブル崩壊により計画は大幅に縮小。1994年に志摩スペイン村が開園する。

リニューアルをくり返し、関西地方からの修学旅行生なども呼び込むが、来場者数は減少。車以外は駅から公共バスのみというやや不便なアクセスもあって、「人だけがいない」「交通の便と人だけがいない」「人がいないから穴場」などといわれてきたが、人気Vチューバー・周央サンゴ（通称・ンゴちゃん）が、志摩スペイン村を訪れた際の体験を配信したところ拡散され、話題に。「志摩スペイン村」がバズったワードとしてテレビなどでも紹介される。

さらに2023年2～4月、改めてタイアップ動画を作成するべく、バーチャルアンバサダーにンゴちゃんが選ばれ、コラボイベントを開催。来場者数が例年の2倍超、ンゴちゃんが「世界一ウマい」と評したチュロスは25倍以上を売り上げ、コラボグッズに合わせて施設のキャラクターグッズなども例年の4倍の売れ行きを達成したという。

さすが三重、救う〝神〟はここにもいたのだ。人気Vチューバーに目をつけた近鉄もよくやった！

ところで、なぜ〝スペイン〟なのか。諸説あるが、一説が「志摩半島の気候や地形がスペインに似ている」。日照時間が長く、熊野灘に黒潮が流れるため温暖、海岸沿いは複雑に入り組んだリアス海岸を形成している。実は、リアス海岸のリアスは、ガリシア地方のリアスバハス海岸に由来するという。また、熊野古道と世界三大巡礼路とされるスペインの「サンティアゴ・デ・コンポステーラ巡礼路」との共通項を挙げる説もある。

ちなみに、施設のテーマ曲『きっとパルケエスパーニャ』を、三重県人が歌える率は高い。さらに、人気絶叫マシンのジェットコースター「ピレネー」（スペインのピレネー山脈に由来）は、修学旅行で訪れた関西人にとって、大人になるための通過儀礼ともいわれる……辺りを知っておくと、三重ツウといえそうだ。

1994年
オープンした
志摩スペイン村
全国で多くの
遊園地が消える中
しぶとく人気を
維持している
一時は
「人がいないから
待ち時間なしで
乗り物乗り放題」
「人がいないから
映える写真が撮れる」
などと自虐PRを
していた
シーーン…
だが人気Vチューバーの
ンゴちゃんが紹介して
バズりまくり!
Tasty!
チュロス人気の勢いに乗り
チュロスぬいぐるみも
登場!
テーマ曲の
『きっとパルケエスパーニャ』を
三重県人が
歌える率は高い
ギャーッ
人気絶叫マシンの
「ピレネー」
(ピレネー山脈に由来)は
修学旅行などで訪れた
関西人にとって
大人になるための
通過儀礼だとか

利用者数全国4位。ナガシマスパーランドの魅力を探る

「ナガシマスパーランド」、メッチャ混んでるね。

テーマパークだけじゃなくて、ショッピングモールとかアウトレットがあるのは強いな。しかもディズニーとかユニバーサル・スタジオとか大資本のバックなしに、イチ地方企業だけでやってるのはスゴい。

新興の「VISON」とか「アクアイグニス」にも、近鉄資本の志摩スペイン村にも負けてない！

奇をてらわず、絶叫マシン、アウトレット、温泉、プール、イルミネーションとベタなところで勝負してるのがいいのかもな。

名古屋から来る人が多いっていうけど、コンサバ気質が強いといわれる名古屋人との相性もいいのかも。

レイコ オススメの食べたい！

ナガシマスパーランドがある桑名市は「その手は桑名の焼き蛤」で知られるハマグリの産地。専門店の「蛤一択」で天然蛤を食べました。絶滅の危機から稚貝放流などで復活を遂げているそう。

三重が誇るテーマパークは、志摩スペイン村だけではない。

全世界のテーマパーク別の年間利用者数で上位に着け、日本国内では東京ディズニーランド、東京ディズニーシー、ユニバーサル・スタジオ・ジャパンに次いで4位という、輝かしい人気ぶりを博すのが桑名市のナガシマスパーランド。地元の長島観光開発が運営する「ナガシマリゾート」の中核施設だ。

この地の開発の基点となったのは、富山県で天然ガス生産業を営んでいた大谷伊佐が設立した会社、大谷天然瓦斯（がす）が長島で天然ガスの探査中に温泉を掘り当てたこと。無料の仮浴場を経て、1964年、大型温泉施設「グランスパー長島温泉」を開いたのを契機に、ホテル、アウトレットモール、ゴルフ場、季節の花を主体とした「なばなの里」で構成される、今のナガシマリゾートが形成される。ディズニーやユニバーサル・スタジオといった、世界的なブランド力なしで長らく人気を保持しているのはスゴい。

その特徴の1つが、「東の富士急、西のナガシマ」と並び称されるほどに、絶叫マシンが数多くあること。その数、20機種近く。定期的にリニューアルしながら、リピーターを呼び込んでいる。

2つ目が世界最大級の屋外海水プール「ジャンボ海水プール」の存在だ。なんと10種のプールと11種類のウォータースライダーがある。

3つ目が大規模な植物園、飲食施設などを備えたなばなの里。春はチューリップ、秋はコスモスなど季節の花が楽しめ、特に冬季に実施される日本最大級のウィンターイルミネーションは有名だ。

夏はプール、冬は温泉、テーマパークで絶叫マシンが楽しめ、アウトレットモールでの買い物、そして映えスポット……全方位のレジャー施設の限りを尽くし、年齢・性別問わず楽しめるのは強い。

名古屋に近い桑名市にある立地もアドバンテージとなっている。公共交通機関派にとっても、桑名駅や名古屋駅、中部国際空港からバスが出ており、名古屋人が学生時代にデートで行く場所としても定着している。

長島観光開発では、2010年に隣接して「アンパンマン」のテーマパークとして「名古屋アンパンマンこどもミュージアム&パーク」もオープン。

名古屋と冠しているが、こちらも桑名市にある。まあ、東京ディズニーランドも、千葉にあるわけだし良しとしよう!

ともあれ、世界に誇るテーマパークのナガシマスパーランド。絶叫マシン好きも、温泉好きも、買い物好きも、プール好きも、植物好きも、何でも来い！
ファミリー、恋人・友達同士、ケンカすることなく、思い思いに楽しみたい。

温泉を掘り当て、遊園地、プール、アウトレットと何でもアリ！　これは誰が行っても楽しめます。

「じばさん」で三重発シブい特産品を知る

三重の名産品を紹介している「じばさん」ってシブいな。萬古焼（ばんこ）って知ってた？有名みたいだよ。

全然知らない。お隣の滋賀の信楽焼（しがらき）は知ってるけど。へー、萬古焼って、萬古不易といって後世まで作品が残るようにって意味なんだ。カメヤマローソクも三重の亀山産なんだね。

他にも伊勢形紙、墨、サンダル、田舎あられ……シブすぎる。伊勢茶も静岡、鹿児島に次いで全国3位の生産量らしい。

ごま油も名物なんだね。元々、手絞りの菜種油が人気で、製油業の機械化がいち早くスタートしたというのも、モノづくり文化が根付く四日市らしい。

やっぱり、もうちょっとPRしたほうがいいよな。

レイコ オススメの飲みたい！

伊勢茶って、三重に来て初めて知ったのですが、コレ、おいしい。日光をさえぎり香味を出したかぶせ茶が有名です。ホテルに伊勢茶が備えつけてあると、必ず飲んでました。ぜひお試しあれ！

松阪牛、伊勢エビ、アワビ、真珠、ついでにエスカルゴ……。三重名産はそれだけじゃない！　実は知られざる国内シェアトップクラスのシブい特産品がズラリそろう。

一度に名産品にご対面するならば、「四日市市地場産業振興センター（通称・じばさん）」へＧＯ！　まず、工芸品で押さえておきたいのが四日市萬古焼。江戸時代の陶芸家・沼波(ぬなみ)弄山(ろうざん)が三重郡小向村（現在・三重郡朝日町）に窯を開いたのが始まりで、作品がいつまでも残るようにと願いを込め、「萬古」あるいは「萬古不易」の銘を押したのが名前の由来だ。

地場産業として定着したのは明治時代からで、生産量は美濃焼、瀬戸焼などに次いで、全国4位。特に土鍋は国内シェアの7割以上を占めているという。萬古焼の土鍋と知らずに使っている人も多いのでは!?　その他、鈴鹿墨や職人6名が人間国宝（重要無形文化財技術保持者）に認定されたという伊勢形紙などがあるが、知名度が高いところでは亀山市で創業したカメヤマローソク。国内シェア60％以上を占めている。

さらに生産量で全国3位の伊勢茶。食用油ではごま油や菜種白絞油(しらしめゆ)が有名で、特に家庭用の純正ごま油で有名なのが、四日市の九鬼産業が提供している九鬼ヤマシチ純正胡麻油、九鬼太白純正胡麻油。実は同社、織田信長や豊臣秀吉のお抱え水軍として活躍した九鬼水軍を率いた九鬼嘉隆をルーツに持ち、創業1886年という由緒ある老舗企業だ。

鈴鹿サーキットで F1ブームを 思い出す

スゴい人、F1ファンってまだこんなにいたんだね。

3年ぶりの鈴鹿サーキットのF1開催だからかな。直前で指定席取れなかったし。

バブルのころは、深夜にテレビで流れてたけど、実際に見るのは初めてだ。

中嶋悟、鈴木亜久里、セナ、ピケ、片山右京……、昔は誰でも名前くらいは知ってるレーサーがゴロゴロいたよな。

でも、スポーツチャンネル「DAZN」で最近の選手も予習したからバッチリだね。

よし、まずは奇跡のワンショットから撮るぞ。

いや、速すぎて絶対ムリでしょ。

ヒロシ オススメの行きたい！

指定席が取れなくて、後から気づいたのはサーキット横にある観覧車からならコースの全容が見られたのでは？ 調べてみたら全景は見られないよう。それだけ鈴鹿のコースは広大なんですね。

モータースポーツの頂点に君臨し、選ばれしトップドライバーとマシンが集結し、世界最速を競うＦ１。その日本大会であるＦ１日本グランプリ、鈴鹿８時間耐久ロードレースなどが開かれるモータースポーツの聖地が三重にある。ご存じ、鈴鹿サーキットだ。

日本グランプリが鈴鹿サーキットで初めて開かれたのは１９８７年。同年、中嶋悟が日本人で初めてＦ１デビューした。時はバブル。フジテレビで全レースが放送され、１９６４年の初参戦を経て、83年より再参戦したホンダの高性能エンジンが無敵状態を誇る。１９９０年には鈴木亜久里が日本グランプリ3位で表彰台に登り、ブームは最高潮に達した。

残念ながら、バブル崩壊とともにＦ１ブームは沈静化していくが、鈴鹿サーキットの魅力はレースだけではない。隣接する鈴鹿サーキットパークにも注目！　いわゆる遊園地のような施設なのだが、キッズ用のバイクやマシン、レーシングバイクのライディングを体験できるバイク型コースターなど、本格的な運転を楽しめるアトラクションが満載。自動車メーカーのホンダだからこそ実現できる唯一無二のモータースポーツランドなのだ。

幼少期から乗り物を自分で操作することで、自動車への興味を持ってもらうのを目的に、サーキットが開設された翌年には家族で楽しめる〝自動車遊園地〟が併設されたという。

その後の若者の自動車離れを予見していたかのような構想……さすがホンダ！

鈴鹿の8の字形コースに本田宗一郎の思いを知る

一度、泊まってみたかった「鈴鹿サーキットホテル」、部屋の壁にサーキットコースを模した意匠があったり、マシンがライトアップされてたり。カッコいい。

レースファンにはたまらないだろうけど、意外に子ども連れの家族客が多いな。

やっぱりアトラクションが人気なのかな。それにしても鈴鹿のコースって珍しい形してるよね。8の字形？

場所については水田をつぶさないとか、本田宗一郎の意向もあって、立体交差のコースができたらしい。

さすが、日本を代表する経営者！

あと、鈴鹿市はホンダに、市名を本田市にしてはという申し出をしたけれど断ったという逸話も宗一郎っぽい。

ヒロシ オススメの行きたい！

社会人ラグビーチームの「三重ホンダヒート」の試合も見に行きましたが、地元のファンやホンダ関係者、OBOGらしき人々がいっぱいいて驚きました。鈴鹿市民のホンダ愛、なかなか強そうです。

この男がいなければ、日本におけるモータースポーツの姿は違ったものになっていかもしれない。鈴鹿サーキット生みの親であるホンダ(本田技研工業)の創業者・本田宗一郎だ。小さな町工場を副社長の藤沢武夫と共に世界的な自動車メーカーに発展させた、誰もが知る名経営者。同時に〝レースのDNA〟を根付かせ、ホンダエンジンの強さを世界に証明し、数々のF1レーサーを支えてきた立役者でもある。

同社のレースへの挑戦は、1959年のオートバイ競技のマン島TT(ツーリスト・トロフィー)参戦からスタート。1961年に同レースで1~5位を独占し、二輪メーカーとしての名を世界に知らしめる。

本格的に四輪車の製造に乗り出すにあたって、「俺はレースをやるところが欲しいんだ。車はレースをやらなくては良くならない」と、宗一郎はF1への挑戦を宣言。F1マシンの開発に取り組むとともに、本格的なサーキットを日本に造るべく候補地を探し、自治体の支援も整っていた鈴鹿を選択。鈴鹿に建設した工場に隣接した土地への建設を決める。建設予定地は当初、水田地帯が予定されていたが、「農地や用水路を極力壊さない。住民の生活道路を遮断しない」という宗一郎の指示で、山林部に決定する。

サーキットの設計には、オランダのレースサーキット設計者のジョン・フーゲンホルツを招へい。起伏に富んだ土地を活かし、高低差やカーブなどの要件を盛り込み、世界でも珍しい立体交差の8の字形コースが完成する。アップダウンが激しいコースレイアウトは、〝神が造ったサーキット〟ともいわれ、多くのレーサーが絶賛。宗一郎の鶴の一声がなければ、このような珍しい、そしてレーサーに愛されるサーキットは生まれなかったかもしれない。

さて、1964年、F1に初参戦したホンダは、4年後に市販車用低公害型エンジンの開発に集中するために撤退。だが、1978年、「レースはホンダの企業文化」と宣言し、ヨーロッパの車体メーカーにエンジンを供給する形で、83年にF1復帰。

そこから1992年に一時撤退するまで、ホンダエンジンの黄金期は続いた。1986年にホンダエンジンが9勝した際には、最終戦に宗一郎も訪れ、慰労会の席で「みんな、俺の夢をかなえてくれてありがとう」とエンジニアたちに頭を下げたという逸話が残る。

4回の参戦を経て、2021年、EV（電気自動車）開発に集中するため撤退するが、2026年の再参戦を宣言している。環境への配慮から、F1においても持続可能な燃料導入などの新基準を打ち出しており、脱炭素に向けた研究開発に活用できるという判断からだ。今もレースのDNAが根付くホンダ。お膝元・鈴鹿でのホンダエンジンの躍進を期待したい。

「自分で製作した自動車で自動車競争の覇者になる」ことを夢見ていたホンダの創業者
本田宗一郎

「サーキットが欲しい」

四輪事業に本格的に乗り出すべく鶴の一声でサーキットが建設されることとなる

世界でも珍しい8の字形のコースも宗一郎の思いから生まれた

田んぼをつぶすことなく山間部の丘陵地に建設
高低差やカーブなど地形を生かしたコースが完成

1964年、F1に初参戦

撤退と参戦をくり返し
2021年
EVシフトのため撤退

日本初のF1レーサー中嶋悟ほか、現在も20歳でF1デビューした角田裕毅が活躍

2026年、ホンダは5度目の参戦を決定
ホンダ、日本人レーサーの活躍なるか!

鈴鹿名物「カヌレ＆ぼつ焼」を堪能

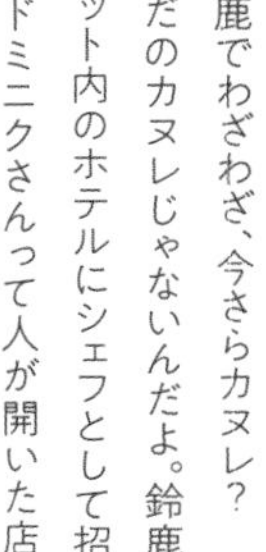
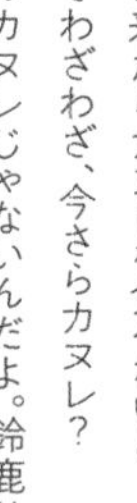
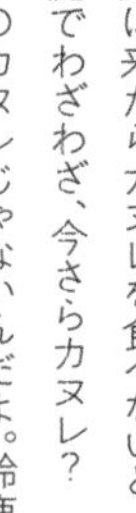

鈴鹿に来たらカヌレを食べないと！

鈴鹿でわざわざ、今さらカヌレ？

ただのカヌレじゃないんだよ。鈴鹿サーキット内のホテルにシェフとして招かれたドミニクさんって人が開いた店の名物なんだ。

ココが「ドミニクドゥーセの店」？　パンとかケーキ、デリなんかも売ってるね。

アイルトン・セナとかの食事を担当したらしいよ。カヌレの定番・バニラ味とクロワッサンも買おう。

外のベンチで早速実食。うん、クロワッサン、さすが皮がパリパリだ。

カヌレ、焦げ目の苦さと甘さ、しっとり具合がバランスがいい！　初カヌレ、ウマいな。もう1個買ってくる！

えっ、そんなに気に入った!?

ヒロシ オススメの見たい！

鈴鹿には JFL のサッカーチーム「鈴鹿ポイントゲッターズ」があります。カズ（三浦知良）が在籍中に観戦したのですが、カズ目当ての同世代の観客が結構いました。やっぱりスターです。

鈴鹿の名物といえば、サーキットだけではない。

極めて〝鈴鹿らしさ〟を感じられるグルメで、手軽に買えるのがカヌレ。提供するのは鈴鹿市内の「ドミニクドゥーセの店」。1987年、日本でのF1グランプリ開催にあたって、鈴鹿サーキット内のレストラン「ブーランジュリー」のシェフとして招へいされたドミニク・ドゥーセが開いた店で、世のブームに先駆けて、カヌレが話題となる。かつてはアイルトン・セナ、ミハエル・シューマッハ、アラン・プロストなどのF1レーサーたちの食事を担当していた経歴から、F1ファンも訪れる名所となっている。

もう1つ、鈴鹿でF1ドライバーやチームオーナーほか、地元っ子にも大人気なのが「焼肉のみさき屋」だ。ここでしか提供しない「ぼつ焼」など、松阪産の肉を使った特徴的なメニューが並ぶが、予約不可のため行列必至。週末などは2時間ほど待つこともある。

一番の名物は、三重県松阪豚のバラ肉の希少部位のハラミ（横隔膜）を使った「ぼつ焼」。「あわてず、ゆっくりとぼつぼつ召し上がってください」という意味で名付けられたという。実は、ぼつ焼がここでしか食べられないのには、商標登録をしているから。松阪市の松阪食肉公社と契約し、該当部位すべてを買い取っているという。これも本来〝放るもん〟だったホルモンのように、珍しい部位に目をつけた革新者の勝利というべきか！

地元スポーツ「ヴィアティン三重」を応援する

JFL開幕戦、ヴィアティン三重のホーム、LA・PITA東員スタジアムにやってきました。ファミリー客が多いね。

ヴィアティンってオランダ語で「14」を意味してて、サッカーの元オランダ代表のヨハン・クライフの永久欠番なんだよ。

へー、知らなかった。クラブ代表の後藤（大介）さんって、桑名のFA機器メーカーの経営者で、オランダのスポーツコミュニティを手本に、地域に目指すスポーツクラブをつくったんだよね。

そう。 V2リーグのバレーボールの試合も見に行ったけど、トップチームで7種目もあるんだよ。

総合型地域スポーツクラブ、いろんな種目を楽しめるの、画期的だー！

レイコ　オススメの行きたい！

ヴィアティン三重のバレーボールの試合を見て、そのスピード感に魅せられ、東京でもＶ1リーグの試合観戦へ。地元チームを通じていろんな種目を観戦できるのは楽しいかも！

ＪＦＬ所属のサッカークラブ、Ｖ2リーグのバレーボール、Ｂ３リーグのバスケットボールほか、フットサル、ビーチサッカー、新体操など多種多様な種目のクラブ・チーム・スクールを擁し、総合型地域スポーツクラブを標ぼうするのが「ヴィアティン三重」だ。

現在、代表を務める後藤大介が27歳で中国で起業した際、経済成長めざましい地でエネルギーに触れたのを機に、日本の将来を担う子どもたちにモノづくり以外のスポーツの教育を提供したいと考えたのが原点となる。その後、縁あってオランダを訪問。現地のスポーツコミュニティのあり方に共感し、故郷・三重にも地域の人々が年齢、性別、得意・不得意にかかわらず、スポーツを観戦したり、プレイしたりとスポーツの価値に触れられる環境づくりをしたい。そう考え、新たなタイプのスポーツクラブの設立を決意する。

むろん、楽しむだけでなく、夢を持ってスポーツに向き合えるよう、例えばサッカーについてはＪリーグ昇格を目指し、Ｊリーグ基準を満たしたスタジアムを整備。２０２０年に現在のホーム「ＬＡ・ＰＩＴＡ 東員スタジアム」が完成し、昇格条件のＪＦＬ４位以内、平均入場者数２０００名超を目指している。ゴールはスポーツの活性化に留まるものでなく、地域が抱える人口減少など社会課題を解決し、街の活性化につなげること。多様なスポーツの力がどう広がり、人々を元気にしていくのか。今後に期待したい。

「VISON&アクアイグニス」を開いた熱い男を知る

三重のいろんな施設の中で驚かされたのは「VISON」。若い子がいっぱいで、みんな写真撮りまくってたね。

三重県で一番、若者を見たかも（笑）。ただ正直なところ、接客とかサービスとかのソフト面は追いついていない感じはあったかな。

まだオープンしたてだったしね。

同じく商業リゾートの「アクアイグニス」も手掛けた地元の建設会社の元社長さんの熱量がスゴいだけに、特にVISONは、スペインのサンセバスチャンからわざわざ人気バルを呼んだというし、がんばってほしい……。

伊勢神宮の式年遷宮に倣って、修繕しながら100年スパンで運営していくってインタビューで語ってた。今後に期待大だね。

レイコ　オススメの行きたい！

「VISON」がある多気町は江戸時代の本草学者・野呂元丈の出身地。VISON にも薬草を軸にしたまちおこしとして、三重大学とロート製薬の連携による薬草湯を楽しめる施設があります。

敷地面積は、なんと東京ドーム24個分！　2021年より中勢エリアの多気町に順次オープンした日本最大級の商業リゾート施設、VISON。「食」をテーマに約70もの飲食や雑貨を扱う店舗、ホテル、産直市場、温浴施設、農園などが並び、施設名の由来である「美村」の通り、1つの村のような様相を呈している。

単なる商業リゾート施設ならば他エリアにもあるが、どこでも見かけるナショナルチェーンやコンビニがない、自動販売機もない。産直マルシェ、日本の食を支える米、味噌、醤油、みりん、出汁などのメーカー企業が集い、学んで体験できる和食エリアなどが、1店1店が独立した家のように〝村〟に点在。建物や施設には地元の林業を支える観点からも木材が使われ、伊勢神宮の式年遷宮のように定期的に木を張り替えながら、継続、成長していくプランを掲げる。生ごみや食品残渣を活用したバイオガス発電所を計画し、自立型電力を目指すなど、SDGsを切り口とした来場者参加型の「サーキュラーコミュニティ」をうたっているのも特徴的だ。

異色の施設誕生の背景には、大型商業施設へのアンチテーゼと地方自治体の存続をかけた思いがあった。2013年より8年の歳月をかけて生まれた同施設は、イオンタウン、ロート製薬などの大企業および多気町、三重大学なども参画した産官学連携によって推進されたが、その起点になった人物が地元建設会社の社長だった立花哲也だ。

インタビュー記事などによると、立花は高校卒業後、芸大への進学を目指すが受験に失敗。地元の建設会社でアルバイトをしたのを機に、20歳で建設会社を作り、独立する。菰野町で工場を構えるホンダの建設の仕事を受けた縁で、社員寮の運営を任されたのを契機に、後継者のいない旅館を購入。事業を引き継ぎ、菰野町・湯の山温泉の癒しと食の総合リゾート、アクアイグニス誕生につながる。

地方の温泉宿にあって〝売り〟をスイーツにしようと、著名パティシエ・辻口博啓を半年にわたって口説き落とし、辻口の紹介で山形で地産地消にこだわるイタリア料理店「アル・ケッチァーノ」のオーナーシェフ・奥田政行、日本料理界の風雲児で「賛否両論」の料理人・笠原将弘も巻き込む。アクアイグニスは、年間約１００万人を集客するほどの人気リゾートに成長した。

その人気ぶりに着目し、ＶＩＳＯＮ誕生の契機をつくったのが多気町の久保行央町長だ。シャープ三重液晶工場誘致を先頭に立って進め、町長就任後は多気クリスタルタウン工業ゾーンへの企業誘致を開始。若者の就農支援や健康づくり事業に注力する中、立花に相談を持ちかけたのを機に、プロジェクトがスタートする。

軸となっているのが、多気町周辺の自治体、大台町、明和町、度会町、大紀町、紀北町とも連携したスーパーシティ特区構想だ。スーパーシティ特区とは日本が誇る技術を活用して、地域課題を解決する取り組みで、将来的には自動運転周遊バスサービスの導入、ドローンを活用したルームサービス、移動式遠隔診療、フル顔認証決済の導入などを目指している。

ここにも古き伝統を守りながら、革新的なテクノロジーで持続可能性を実現しようとする動きがある。〝三重らしい〟スタイルで、人気を集めるVISON。長期スタンスでその進化を見守りたい。

山の斜面に立つホテルはスタイリッシュなデザイン。とにかく広いので移動は結構大変(笑)。これからまだまだ進化していきそうな施設です。

リアル・ルーキーズ！ “下剋上球児”の逆転劇を知る

榊原温泉口駅から奇跡的に学校前まで行くコミュニティバスがあったけど、白山高校ってやっぱり行くの大変。

JRの名松線、2時間に1本しかないからな。

交通の便も学校人気を左右するよね。これで甲子園に行ったのはスゴい！

ここが校舎か。普通だな。

そりゃ、公立の学校だし……写真撮るほどではないか。

裏にグラウンドがあるぞ。

ウロウロして不審者っぽくない？

いや、『下剋上球児』読んで、リアル・ルーキーズだ！って感動したし。これがグラウンドかー。やっぱり高校野球の監督っていい仕事だなー。

白山高校の最寄り駅がある名松線は名張―松阪間をつなぐはずが、今の近鉄開通の影響で松阪―伊勢奥津間を走る赤字路線に。白山高校も同線を応援し、近年、観光客呼び込みにも力を入れています。

熱血教師と問題児たちが集まる野球部が甲子園を目指す！　ベストセラーの野球漫画でドラマ、映画化され大ヒットした『ROOKIES（ルーキーズ）』。それを地で行くミラクルを起こした高校野球部が三重県津市にある。

布引山地の麓、自然豊かな場所に位置する白山高校の野球部。2007年から10年連続で夏の三重大会初戦敗退だった同校が、2018年、「日本一の下剋上」のキャッチフレーズで、三重大会の頂点に駆け上がったのだ。

『下剋上球児 三重県立白山高校、甲子園までのミラクル』（カンゼン）には、一時は部員が1名まで減少し廃部寸前だった同校野球部が復活を遂げ、甲子園に行くまでのドラマが描かれる。「リアル・ルーキーズ」などとメディアで騒がれたが、実際には不良があふれていたわけではない。ただし、学校自体は教育困難校として評判が悪く、3年生の部員の大半が第1志望校の受験に失敗し、入学したため自己肯定感が低い。全校生徒の90％はクラブに所属せず、ヤンキーがからかうような真面目な子しか運動部に所属しない状況が続いていた。「行くのが恥」とまでいわれた白山高校。その状況をガラリと変えたのが2013年に他校から赴任し、野球部監督を務めた東拓司だ。最初の練習に参加したのは5名。雑草だらけのグラウンドの整備からスタートする。

初年度は助っ人を頼んで試合に出るも、コールド負けが続く。2年目は1年生が10名入部。とはいえ、中学時代は補欠だったような生徒が多く、レギュラークラスの生徒は来ない。公式戦になると真面目ながら弱気の性格が災いする結果が続く。東は、他校監督の助言に沿って、地元の中学硬式チーム、リトルシニアに出向き、グラウンドで活躍する一流選手ではなく、ベンチ、ランナーコーチ、ボールボーイ、ブルペンで一生懸命、応援するような野球好きで真面目な選手たちに声をかけ、周囲の理解を得ていく。

こうして徐々に強豪シニアのエース級の生徒が入ってくるようになり、「白山が強くなりつつある」という評判が三重県の高校野球関係者に広がっていく。こうして、2018年、ついに甲子園に初出場。1回戦でまさかの強豪・愛知工業大学名電高校に当たったのは、逆に〝持っている〟というべきか……。

同書で印象的なのは、東と生徒たちとの関係性の熱さはもちろん、他校で野球部を立て直した監督たちが、学校の垣根を越えて野球や生徒たちへの思いでつながっていくことだ。

部活が持つ底力にも驚かされる。東は野球部の立て直しだけでなく、荒れた学校をなんとかしたいと、1年生の担任を受けた持った際に「何でもいいからクラブに入れ」と生徒に説く。第1志望で白山高校に来る生徒は少ない状況で、「学校に通う目的が必要」「部活をして他校と交流する中で刺激を受け、成長できる」というのが理由だ。実際、東の赴任当初は10％程度だった部活動加入率が年を追うごとに上がっていき、主体的に動く生徒が増え始める。2018年には部活加入率は84％まで上昇した。

甲子園に出場した2018年以降もベスト4、ベスト8と好成績を挙げるものの、「もう一度、甲子園へ」との地元の期待は大きい。2023年、東は他校へ異動となったが、東が起こした変革が白山高校、そして白山町に与えた影響は大きい。

1つの学校の部活動が地方創生の起爆剤になりうる。そして1人の人間の思いや熱意が革新的に何かを変えうることに気づかされる。

白山高校の最寄り駅の名松線・家城駅。「名松線勝手に応援団」と称し、生徒たちが作成したポスターや写真が貼られています。イイですね。

「恋人の聖地」の意外な歴史を知る

三重で天然のとらふぐが食べられる宿があるって調べて、渡鹿野島に泊まることにしたんだけど……昔、売春島って呼ばれてたのがココだったとは！

江戸時代に船が立ち寄る「風待ちの島」として船乗り相手の「はしりがね」と呼ばれる遊女がいた歴史があったんだよね。

そういう背景もあって、県外から来た人たちが置屋を流行らせたのを発端に、暴力団組織なんかも入ってきたみたい。売春の拠点になってたホテルの「つたや」が廃墟のまま残ってたもんな。

路地につぶれたスナック風の店も結構あったけど、置屋だったのかな。

ここ数年、修学旅行を誘致したり、イメージアップにがんばってるみたい。

ヒロシ オススメの行きたい！

泊まった福寿荘は露天風呂も良かったし、海沿いで眺めがとにかく最高。地元産の「あのりふぐ」もおいしかった。季節によって的矢カキや黒アワビ、幻の安乗車海老など旬の食材が楽しめます。

上空から見ると、ハート形に見えることから、通称「ハートアイランド」として、プロポーズにふさわしい「恋人の聖地」（地域活性化支援センター主催）に選定。神が作りだした最初の島「オノコロ（自凋）島」伝説が根付く歴史から、「日本最古の恋人島・わたかのじま」として女性グループやカップル客の誘致に力を入れているのが志摩市の渡鹿野島だ。

対岸から渡し船に乗れば約3分で到着。海沿いにはビーチ、ハート形の鐘やモニュメントなど、恋人の聖地にふさわしいスポットがある一方で、細い路地には閉店したスナックや大型ホテルなどの廃墟がそのまま残り、どこか怪しげな雰囲気も漂う。

歴史をたどると、的矢湾奥に位置し、江戸時代から大坂と江戸を結ぶ廻船の風待ち湾として繁栄。船乗り相手の遊女「はしりがね」が存在した文化が残る。はしりがねの由来は、船乗りの身の回りの世話をするため、衣服を繕う針師を兼ねることから「把針兼」と呼ばれた、あるいは夕暮れに、時を知らせる鐘が鳴ると同時に船着き場へ駆けつけるため、鐘が鳴ると走り出す「走り鐘」などの説がある。

明治以降、はしりがねは禁止。１９５７年の売春防止法施行で遊郭もなくなったが、10年ほどを経て風俗事業者が進出し、歴史的背景もあって島に定着したといわれる。この島で売春業が隆盛を極めるようになった経緯をたどるルポ『売春島――「最後の桃源郷」渡鹿野島ルポ』（彩図社）によると、県外から移住した女性らが、スナック型の置屋を流行らせたのが発端だという。

その後、暴力団関係者も参入し、１９８０年代にはパチンコ屋、ストリップ劇場、ホテル、喫茶店、スナック、居酒屋などがひしめき合い、一大レジャーランドの様相を呈したという。その置屋業で大成功したのが大型ホテルの「つたや」。だが、詐欺で財産を奪われたつたやがつぶれたのをきっかけに、売春業は衰退したと記される。

同時並行で旅館組合などによる浄化運動が推し進められ、島でも大型宿泊施設の「福寿荘」などを中心に、健全な観光立島に向けて、港湾施設と併せてビーチの整備や経営破綻したホテルの買収などが進められる。

志摩市とも連携しながら、健全な観光地としての発信を積極的に実践していく中で、新たな取り組みとして、２０２１年に実現したのが修学旅行生の受け入れだ。

コロナ禍にあって、不測の事態が生じても保護者が車で迎えに行ける場所として、関西エリアから近場の三重が注目を集める。伊勢神宮、志摩スペイン村、シーカヤックや釣り、真珠加工体験など伊勢志摩の自然環境や歴史文化、観光資源と組み合わせた行程で、10を超す小中高校が訪島した。

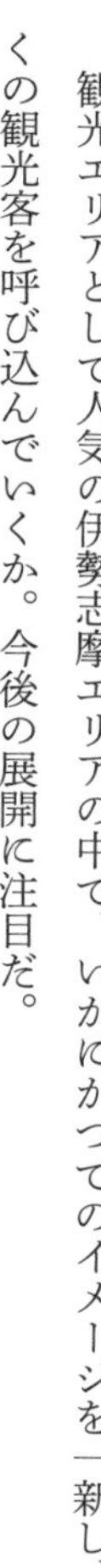

観光エリアとして人気の伊勢志摩エリアの中で、いかにかつてのイメージを一新し、多くの観光客を呼び込んでいくか。今後の展開に注目だ。

「あのりふぐ」の刺身、とってもおいしかったです。また、恋人の聖地らしいモニュメントなどPRにもがんばってます！

名門多し! 食品メーカー王国を知る

三重って改めてチェックしていくと、ウマいグルメぞろいだったけど、名門の食品関連の会社も多いんだな。

意外だったのが焼酎の「キンミヤ」。最初に酒か！　でも東京でもちゃんとした居酒屋だと酎ハイといえばキンミヤ焼酎を使ってるもんな。

宮﨑本店っていう会社名だから、宮崎県の会社かと思ってた。なつかしかったのが、小さいころによく食べた「おにぎりせんべい」のマスヤ。伊勢市にあるんだね。

「ベビースターラーメン」のおやつカンパニーも津に本社があるとは！

デパ地下の常連の総菜店「柿安本店」も実は桑名の肉鍋屋から始まっていたんだ。三重の名門メーカー、もっと知られてもいいよね。

レイコ オススメの食べたい！

津市に本社がある井村屋の「あずきバー」はその硬さでも有名、アイスを溶かして作るお汁粉やバターと一緒にトーストに載せたおぐらトーストなど、アレンジ法が同社HPで紹介されています。

さすが神に供える食が豊富にそろう〝御食国〟だからこそというべきか。誰もが知る食品メーカーや飲食チェーンなど、食に関する名門企業が多いのも三重の特徴だ。

例えば、「東のガリガリ君、西のあずきバー」などといわれ、その硬さでも有名な人気アイスのあずきバーや中華まんなどで知られる井村屋グループ。１８９６年、松阪で菓子の製造を始めたのが原点だ。

焼酎のキンミヤで知られる酒造メーカー・宮﨑本店は１８４６年、四日市に創業。全国的にはデパ地下に並ぶ総菜で知られる柿安本店は、１８７１年、桑名で牛鍋店からスタートし、精肉店、レストランチェーンなどを展開。独自のブランド牛・柿安牛も提供している。１９４８年、津に生まれたのが、こちらもロングセラーのベビースターラーメン（発売時はベビーラーメン）で知られるおやつカンパニーだ。

意外なところでは、アメリカンパイや女性スタッフのかわいい制服で一時期話題を呼んだレストランチェーン「アンナミラーズ」を経営していたのが、実は井村屋グループ。日本の店舗は２０２２年をもって閉店したものの、ＥＣ販売やバーチャル店舗は継続している。あずきバーも、時代の嗜好に合わせて甘さ控えめの味に変化させているとか。伝統を守りつつ、新しい取り組みも展開。三重らしい！といえそうだ。

熊野古道センターで市井の人々の尽力を知る

世界遺産の熊野古道って和歌山のイメージだったけど、三重にもかぶってるって初めて知った。

メインは和歌山だけど、伊勢神宮と熊野三山の2つの聖地を結ぶ〝信仰をつなぐ道〟っていう位置づけに特別な意味があるんだろうね。

尾鷲で行った「熊野古道センター」は立派な施設だったよね。建物が尾鷲ヒノキ造りで伊勢神宮に負けじ？と立派だった。個人的にはボランティアで伊勢路の整備をし続けた地元の人もスゴいなー、と。

どこの地域でもこういう名もなき市井の先人たちの貢献があるんだよな。あんだけ展示が充実してるのに、入館者が意外に少ないのはもったいないない……。

レイコ　オススメの行きたい！

「熊野古道センター」は、熊野古道や周辺地域の情報提供、地域の人々との交流、地域振興を図るために建てられました。建物には 60~80 年ものの尾鷲ヒノキ 6549 本が使用されているとか。

２００４年に世界遺産に登録された「紀伊山地の霊場と参詣道」、通称「熊野古道」。熊野古道というと、３つの霊場のうち、熊野三山、高野山の２つ（もう１つは奈良県の吉野・大峯）を結ぶ参詣道が位置する和歌山県のイメージが強いが、三重県を通る「伊勢路」には、特別な意味がある。

伊勢神宮と熊野三山の２つの聖地を結ぶ参詣道という立ち位置だ。江戸時代、「伊勢へ七度（ななたび）、熊野へ三度（さんど）（信心は熱心なほど良いという意味）」と詠まれるほど、多くの旅人がこの〝信仰をつなぐ道〟を歩いたという。

近代以降も生活道路として使われていたものの、鉄道の開通や道路整備に伴いその役割が失われ、シダや雑木、土に埋もれ、忘れられた道となりつつあった。

そこで立ち上がったのが地域の人々だ。道の掘り起こしなどからスタートし、三重県も東紀州各市町と共に、情報発信やイベント開催、熊野古道語り部養成講座などを開く。知名度アップと併せ、各路ごとに結成された地域ボランティアによる保全活動が進められ、道の保全、修復が実践される。こうして、消滅の危機にあった熊野古道は世界遺産登録を果たす。伊勢路の人気ルートは紀北町から尾鷲市に至る約５㎞の馬越（まごせ）峠道。きれいに植林されたヒノキ林と美しい石畳が楽しめる。これも地域ボランティアのおかげだろう。

いなべ市で「Hygge」を堪能

昨晩の夕食も地元のお酒飲み放題で良かったけど、やっぱノルディスクのテント前のデッキでの朝食、サイコー！

デンマークスタイルって、シャレてる。ライ麦パンで野菜や肉を挟んでサンドイッチにするのか。酸みのあるパンって苦手だけど……。いや、ウマい！

自分でフレンチプレスに入れて作るコーヒーもいいし、地元の農園の野菜も新鮮でおいしい。

北欧風の調理で、使う食材は地元産なんだな。

これが「Hygge」かー。SDGs感満載。ヘタな高級ホテルより全然、細かい気配りがきいてていいな。

うん、グランピング「Nordisk Hygge Circles UGAKEI」、オススメ！

ヒロシ オススメの行きたい！

「Nordisk Hygge Circles UGAKEI」では、特別にお願いして早朝にコーヒーを飲みながらたき火をしていただきました。たき火、いいですね。ノルディスクと組んだいなべ市、がんばってます！

三重の北の玄関口・いなべ市。滋賀県との県境に位置する鈴鹿国定公園の宇賀渓など豊かな自然、田園風景がアウトドアファンに人気のこの町に、世界的なアウトドアブランドのノルディスクがプロデュースする複合アウトドア施設が２０２３年に開業した。「Nordisk Hygge Circles UGAKEI」だ。

ノルディスクは、世界幸福度ランキングの上位を占める北欧・デンマーク発の１２０年以上の歴史を持つアウトドアブランド。撥水処理の施されたテクニカルコットン素材のオシャレなテントやキャンピンググッズが人気だ。

いなべ市との連携は、同市が提唱するまちづくりの理念「グリーンクリエイティブいなべ」と、ノルディスクが発信するブランドコンセプト「Hygge（ヒュゲ）＝ほっと癒される心地よい時間と空間、得られる幸福感」の親和性から生まれたという。

グリーンクリエイティブとは、いなべ市の豊かな自然、里山、農産品などの地域特有の資源（グリーン）を、ローカルセンスやクリエイティブの力で都会の人々を魅了するモノ・コト・トキに創り上げることを目指すものだ。

Ｎｏｒｄｉｓｋ Ｈｙｇｇｅ Ｃｉｒｃｌｅｓ ＵＧＡＫＥＩでは、大自然に囲まれた空間に設置されたノルディスクのテント、あるいは独立したコテージに滞在する。自分でテントを持ち込みキャンプを楽しみたい人向けのフリーサイトもある。

デンマークのアウトドア料理専門家が監修したという料理のスタイルは北欧を意識しながらも、提供される食材はほぼ地元産。名古屋からの移住者が開いた「八風農園」で自然派農法で栽培された野菜や、無添加飼料で育てる「いっちゃんたまご」、地元生産農場の「松葉ピッグファーム」が手掛ける「さくらポーク」、ライ麦パンも地元のドイツパン店「フライベッカーサヤ」で作られている。酒も地元や三重の醸造所、酒蔵を中心とするワインや日本酒がそろい、テントに備え付けのお茶も地元産の石榑(いしぐれ)茶を置くなど徹底している。

いなべ市では、Ｎｏｒｄｉｓｋ Ｈｙｇｇｅ Ｃｉｒｃｌｅｓ ＵＧＡＫＥＩ以外にも、オシャレな施設が増殖中だ。市が運営する「にぎわいの森」でも、名古屋から移転移住した食肉加工屋「ＦＵＣＨＩＴＥＩ」が運営するシャルキュトリーほか、スイーツの人気店が並ぶ。

名古屋に程近い距離感ながら、地元の自然と食材を活かし、ＳＤＧｓの流れも味方に都心の人々を引きつけるオシャレスポットを展開するいなべ市。

これからの地方創生のあり方としても参考になりそうだ。

テント横のデッキで食べる北欧風の朝食は、地元産の食材を使って、マヨネーズなんかも手作りでおいしかったです。自然に囲まれたテントやコテージもカッコいいです。

希少！個性的なナローゲージに乗る

NHKの番組で紹介してたのを見て、ナローゲージって初めて知ったけど、実際に見るとホントに小さい！

ナローゲージって日本に3社4路線しかないのに、三重にはこの三岐鉄道北勢線と四日市あすなろう鉄道の内部線と八王子線の3路線もあるんだよな。

鉄道マニアみたいな人もちらほらいるね。車内に入るとさらに狭さを実感。足を伸ばすと対面の座席に届きそうだもん。やや圧迫感……。

元々、軽便鉄道といって、日本でもセメントとか鉱石運搬用に、この手の鉄道が全国に300か所あったらしい。

古きモノが根強く残るというのも、三重っぽいのかな。

レイコ　オススメの行きたい！

三岐鉄道三岐線の伊勢治田駅の駅舎に暮らす夫婦がいるとテレビ番組で見て、行ってみました。夫が夢をかなえて運転士になったのを機に引っ越してきて、夫婦で駅員をされています。

線路の幅が新幹線の約半分！と、レール幅が狭い軌線を走るナローゲージ（特殊狭軌）。日本に現存するのは3社4路線。そのうち、2社3路線が三重を走る。鉄道マニアにはよく知られるナローゲージ王国なのだ。軽便鉄道とも呼ばれ、1909年に「軽便鉄道法」が公布されたのを機に、コストが安く、免許取得も簡単なため、セメントの運搬用などに明治時代後期から大正にかけて全国で建設された。昭和初期には全国300か所もあったが、大量輸送時代の到来により、多くが廃線に追い込まれる。

三重に残る希少なナローゲージの1つが、西桑名駅から阿下喜（あげき）駅までを走る三岐鉄道北勢線。外観からしてこぢんまりしているが、車内に入ると左右の座席シート間の狭さに、ちょっと不思議な感覚に陥る。

三岐鉄道北勢線は2003年、近鉄から三岐鉄道に移管され運行。終点・阿下喜駅敷地内には軽便鉄道博物館があり、ナローゲージの約半分の線路幅を走る世界最小のミニ電車もある。昔なつかしい硬い紙の切符、硬券にハサミを入れてくれるのも楽しい。

あとの2線が四日市あすなろう鉄道の内部線と八王子線。これも元近鉄で、第三セクター形式の四日市あすなろう鉄道に移管された。マニアならずとも一度は独特のサイズ感を試してみたい。

神様の好物!?
サメの干物にトライ！

伊勢神宮に祀られてる天照大御神っていうと、岩屋に閉じこもった「天岩戸」伝説が有名だけど、舞台になった天岩戸って三重にあるの？

実は全国各地にあって、三重にも3か所あるらしい。1つは逢坂峠という山中で車がないととても行けないいな。

3か所も伝説の場所があるのかー。三重って、ちょこちょこと神様ルーツの話題が出るよね。居酒屋でサメを干したおつまみの「さめのたれ」をよく食べたけど、サメも「因幡の白うさぎ」伝説に出てきたのをもじってなのか、朝廷とかに献上してたらしい。

さめのたれ、酒のつまみにウマかったな。

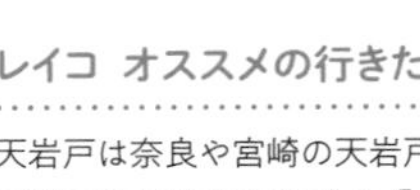

レイコ オススメの行きたい！

天岩戸は奈良や宮崎の天岩戸神社ほか、全国にゆかりの地があり、三重では二見興玉神社の「天の岩屋」、伊勢神宮外宮の「高倉山古墳」などもルーツといわれています。神話が息づく地、興味深い！

アワビや伊勢エビ、アオサといった三重の代表的な海産物を紹介してきたが、ちょっとクセあり名物も押さえておきたい。サメだ。

サメを食べる文化は、広島県の三次市や庄原市など備北エリアでも残っているが、提供する飲食店は限られる。その点、サメを干した伊勢名物「さめのたれ」は、伊勢志摩エリアを中心に多くの居酒屋や飲食店で提供され、スーパーなどでも販売。珍味として親しまれている。

なぜさめのたれと呼ばれているかというと、サメの肉を垂らして干すことから、その垂れ下がった姿が由来とされている。種類は塩干し、あるいはみりん干しで、干物にしたサメの肉を軽くあぶって食べる。どことなく、エイヒレに近く、意外にもクセがない。

興味深いことに、『古事記』に登場する有名な「因幡の白うさぎ」の伝説にもサメが登場する。『古事記』内では「ワニ」と記されるが、ワニはサメの古名だという。広島の備北エリアや山陰地方で、今もサメをワニと呼んでいるのもその名残だろう。

こうした由来もあってか、サメの干物はかつて皇室や伊勢の斎王の御膳に提供されており、伊勢神宮では今も神饌として供えられている。食通の伊勢の神様、意外にツウなつまみもいけるのか。神様も好物の伊勢のクセあり海産物、試してみたい。

しめ縄を1年中飾るナゾを知る

伊勢市辺りを巡ってて、目についたのがしめ縄を1年中飾っていること。

確かに結構な数の家とかホテルとかでも、しめ縄が飾ってあったな。

あと、しめ縄の形が独特で「蘇民将来子孫家門」って札がついているんだよね。どういう意味なんだろうって気になって調べてみた。

で、理由は？

神話ルーツみたい。天照大御神の弟の須佐之男命（すさのおのみこと）の言い伝えに由来しているらしい。

神様がらみの風習、まだまだ根強く残ってるんだなあ。

ホント。クリスマスにツリーを飾って、正月になったらしめ縄を飾ってる節操のなさとは一線を画してる！

レイコ　オススメの知りたい！

しめ縄につける札の文字は「蘇民将来子孫家門」だけでなく、「笑門」の場合も。これも須佐之男命の言い伝えに由来しているそうですが、「笑う門には福来る」という意味でもめでたい！

正月に玄関先に飾るしめ縄。本来、しめ縄は神聖な場所であることを示し、不浄なものを中に入れない役目を果たし、松の内の終わるころ（関東では7日、関西では15日ごろ）に外すのが通例。だが、伊勢志摩エリアでは、1年中、家の入り口に掲げられているのを目にする。

外すのを忘れるうっかり者が多い！のではなく、よく見ると「蘇民将来子孫家門」の文字が掲げられている。背景には須佐之男命（すさのおのみこと）の言い伝えがある。

昔、須佐之男命が伊勢を訪れた際、宿に困っていたところ、貧しかった蘇民将来という男が快く迎え入れ、温かくもてなした。須佐之男命は大変喜び、「今後、どんな疫病が流行っても、〝蘇民将来子孫家門〟と門口に示しておけば、その災いから逃れるだろう」と言い残し、立ち去る。その後、蘇民の家が代々栄えたことから、伊勢地方では、しめ縄に魔除けとして「蘇民将来子孫家門」の符を掲げ、年中飾る風習が根付いたといわれる。

また、「笑門」と掲げられたしめ縄も見かけるが、これは「蘇民将来子孫家門」を縮めた「将門」を、反乱を起こした平将門に通じるのを避けて「笑門」になったといわれている。今では「笑う門には福来る」に通じる言葉として、飾るケースもあるという。

神様の存在をふと感じられる伊勢エリア。そのルーツを知り、ご利益にあずかりたい。

津ぎょうざの意外なウマさを知る

津ぎょうざってB級グルメにありがちな若干、素人メニューっぽい感じかと思ったら、想像以上においしかったね。

最初に食べたのが、津では珍しい三重県のご当地グルメが一通り食べられる居酒屋「みえやに」だったけど、まずはデカさに驚いた。

うんうん、元々は学校の給食メニューで、1人1個ですむようにデカいサイズになったって知って、それも驚いたけど。

津ぎょうざ協会の会長が店長を務めるラーメン店の「いたろう」の津ぎょうざは、あんに入ってるラーメンスープがいい隠し味になってた。でも、残念ながら肝心の、しょうゆラーメンの味は……。

ラーメンの味の好みは人それぞれだけど、ぎょうざに力を入れすぎた!?のかも。

レイコ　オススメの食べたい！

伊勢市の人気店「ぎょうざの美鈴」にもチャレンジ。予約不可なので行列は必至。皮はカリッとあんがあっさりで好きな味でした。紅ショウガがついているのが珍しい。意外におでんもイケました。

〝ぎょうざ＝ご当地グルメ〟のエリアといえば、1世帯当たりの購入量で永遠のライバルとして戦ってきた宇都宮か浜松？　あるいは新興勢力として2強時代を打ち破り、2021年、22年と日本一の座に輝いた宮崎？　いやいや、そんなガチなバトルをヨソに独自のぎょうざスタイルを貫く地が三重にある。津の名物「津ぎょうざ」だ。

そのゴーイング・マイ・ウェイぶりは成り立ちからもうかがえる。まず、ビックリするのはその大きさ。直径15㎝もの大きな皮で包まれた揚げぎょうざなのだが、由来となったのは学校給食。子どもたちの栄養・満足感を考え、一般サイズのぎょうざだと3〜4個必要なところを1個ですむようにとジャンボサイズとなり、調理の手間から揚げぎょうざになったという。人気ナンバーワンの給食メニューをご当地グルメにしようと、市民団体が2008年の「津まつり」で巨大揚げぎょうざを再現し、津ぎょうざとして販売。給食で食べていた世代だけでなく、知らない若い世代からも反響を呼び、市内の飲食店に津ぎょうざのメニュー化が呼びかけられたという。

津ぎょうざ協会の定義によると、直径15㎝の皮を使うことと、揚げぎょうざであること以外は具材や味付けは店舗ごとに個性それぞれ。提供店が少ないのが難点だが、独自路線を行く津ぎょうざ、ぜひ試してみたい。

タレ文化を考える

三重って魚も肉も食材が豊富で想定以上にグルメ王国で驚いたけど、一番の特徴ってタレじゃないかな？

うん、確かに。松阪の焼肉屋さんの「一升びん」もおいしかったけど、最初からタレがかかってて、さらにタレをつけて食べる人が多いのはちょっと驚いた。

鶏焼肉もな。驚いたのは津のうなぎ。人気店の「はし家」はスゴい行列だったけど……結構、タレが甘かったよね。

四日市の「新味覚」のぎょうざのニンニクタレも衝撃的だったかも。

「新味覚」の場合は、最初からタレの味込みのぎょうざの味付けになってたな。何もつけないと味が薄かったし……。

濃いめのタレが人気なのはお伊勢参りの旅人の疲れを癒すため？　とかなのかな。

ヒロシ　オススメの食べたい！

伊勢志摩の郷土料理「てこねずし」もトライしてみました。これもカツオやマグロなどの刺身をタレにつけ込んで酢飯に載せたもの。元は船上で作って、手で混ぜて食べた漁師飯だったそうです。

Ｐ１３０で「津ぎょうざ」を紹介したが、津にはもう１つ、隠れた名物がある。うなぎだ。うなぎといえば、浜松や静岡、あるいはひつまぶしで有名な名古屋辺りが観光客にも人気だが、津では地元の人たちによる消費が大半を占める。実際、市民１人当たりのうなぎの年間消費量が全国1位になったこともあり、市内には20軒ほどのうなぎ店がある。海と河川がある立地から稚魚のしらすうなぎが捕獲しやすく、大正から昭和にかけて、うなぎの養殖が盛んになったことなどが背景として知られる。

その特徴は他エリアに比べてタレが甘めでコックリしていること、さらに地元消費が多いということからか、値段もリーズナブルで店構えも庶民的な雰囲気であることが挙げられる。

人気の「はし家」や「新玉亭」など、比較的大箱の店で、子ども連れや1人で普段の食事代わりのように食べに来ている客も多く、接客や店の雰囲気も「江戸前」を掲げる店のようなかしこまった雰囲気もない。そして、一品料理でうなぎのからしあえがあるのも特徴で、こちらもからしが入っているものの、やはり甘みが強い。

こうした甘め、あるいは濃いタレを好む食文化は他の料理でも見られる。筆頭は伊勢うどん。名物の松阪牛も、ご当地で人気の焼肉チェーン「一升びん」など、基本は味噌ダレが最初からかかったスタイルが主流だ。

四日市名物「とんてき」も分厚い豚肉を濃いめのタレで焼いたもので、いかにもご飯に合う味付けが特徴だ。四日市のぎょうざ店「新味覚」は、提供されるタレに、テーブルに置いてあるニンニクたっぷりの独自のタレを入れて食べるのがスタイル。ニンニクを食べた後のにおい消しのためか、牛乳がメニューにあるのも独特だ。

さらに亀山に行けば、「亀山みそ焼きうどん」が名物として根付く。野菜、肉、うどんに、赤味噌ベースの濃厚な味噌ダレを絡めて食べるご当地麺だ。

こうしたタレ文化は、同じく赤味噌を好んで使う岐阜や愛知・名古屋にも通じるところがあるが、これら東海3県では戦国時代からたまり醤油が多く作られてきた歴史がある。

戦乱の世を生き抜くために保存のきく醸造物が重宝され、東海地方では米の生産に適さず大豆の生産が盛んだったことから、大豆を麹として用いた豆味噌やたまり醤油が製造されていたという。また、製造法については武将が厳重に管理したため、東海3県のみに留まったといわれる。

いずれにせよ、慣れていない東海3県外の人は食べた後、ちょっとのどが渇くかも……。

結論としては、おいしいんだけどね。

伊勢エビやカキ
アワビ、松阪牛など
グルメな食材が多い
三重だが……
最大の特徴は「タレ」！
筆頭は真っ黒い
タレをかけて
食べる伊勢うどん
津の名物・うなぎ
亀山みそ焼きうどん、
四日市のとんてきも
濃いめのタレが特徴
松阪牛の焼肉でも
タレのかかった
肉を焼き
食べる際にまた
タレをつけるのが
主流
タレ
ジュウウウウウ
ウマい！
タレ好き！
どんだけ
手早く提供するため
ゆでたうどんに
タレをかけるのが
主流になったとか
甘めのタレが
人気なのは伊勢神宮の
参拝者を癒すためなど
諸説あるも……
グビャーッ
スミマセーン！
ビールと水のおかわり
くださーい！
三重ビギナーは
「のどが渇く！」

「松尾芭蕉＝忍者」説のナゾを知る

松尾芭蕉の旅姿を模したっていう俳聖殿、シブいな。

丸い屋根が旅笠、木額が顔、ひさしが蓑と衣装、回廊の柱は杖だって。斬新。芭蕉って、全国を旅してるけどルーツは伊賀だったんだ。

幼少期の記録がはっきりしてなくて、伊賀出身だから忍者だったという説もあるらしい。

風流な俳人が、実は忍者!?

俳句を詠みながら全国を回ってたのは仮の姿で幕府の命令での隠密だったのではとか、1日の移動距離がスゴいとか、旅費はどうしたのか、とか。

うーん、やっぱり伊賀、忍者への寄せ方が強すぎるのかも(笑)。

レイコ　オススメの食べたい！

伊賀の風土に育まれた地場産品を伊賀ブランドとして認定する「IGAMONO（いがもの）」でＪＡいがふるさとの「伊賀の芭蕉ねぎ」が認定。とろっとした食感と甘みが特徴の白ネギだとか。

「夏草や兵（つわもの）どもが夢の跡」「閑（しずか）さや岩にしみ入る蝉の声」

誰もが1句くらいは耳にしたことがある、ご存じ俳人・松尾芭蕉の俳句集『奥の細道』。その他にも『野ざらし紀行』『更科紀行』など、全国津々浦々を回り、詠んだ句は数多く、様々な地に歌碑が建てられている。

その出生地は忍者の里で知られる伊賀国。さらに母が伊賀流忍術の祖の子孫という説があることから、「芭蕉＝忍者」と語られたりするが理由は親ルーツだけではない。芭蕉が仕えたのは伊勢や伊賀を治めていた藤堂高虎の流れをくむ藤堂良忠といわれ、俳句はその縁で学んだという。良忠の死後、江戸に行き、紆余曲折を経て「さび・しおり・細み・軽み」に代表される蕉風俳諧を確立した。

晩年は敬愛する歌人・西行に倣って吟行の旅に出るが、日本三景の松島を絶賛しながら、実際は仙台藩の重要拠点である石巻港や瑞巌寺を熱心に見て回ったという逸話や健脚すぎるというナゾ、旅の資金や手形をどう入手したのかといった疑問から忍者説が生まれる。弟子として旅に同行した河合曽良による『曽良旅日記』との相違点も指摘されている。

真相はともかく、伊賀市では忍者だけでなく、芭蕉の生誕地としてのＰＲにも注力。２０２４年には芭蕉の生誕３８０年を控え、様々なイベントが企画されている。

「しあさって」は「ささって」

三重の方言って関西弁のような名古屋弁のような……タクシーの運転手さんの方言を聞いてても、独特だったかも。

東海、近畿のベッドタウンだから、どっちの影響もあるんだろうな。

『下剋上球児』（P108）を読んでて、かわいいと思ったのは、「〜やん」かな。関西弁と違って素朴な感じというのか、「そんなのできないよ」を「そんなのできやんやん」とか。

関西弁より圧が低くて、かわいい感じに聞こえるかも。

関西や名古屋でも耳にしたことがないのが「ささって」。あした、あさっての次の3日後が、通常は「しあさって」だけど、伊勢志摩では「ささって」っていうらしい。やっぱり独特かも。

レイコ　オススメの知りたい！

タクシーの運転手さんとよく話をしましたが、ヨソ者にはほぼ関西弁のように聞こえつつ、時々、名古屋っぽいイントネーションも。地元の人なら伊賀弁、伊勢弁など細かい違いがわかる!?

関西弁のようで、名古屋弁のよう。関西にも名古屋にも縁のない第三者が、三重の地元っ子の会話を聞いて感じるのは、こんなところか。

大きくは伊賀弁、伊勢弁、志摩弁、紀州弁の4つに分かれるという。

語尾でよく使われるのは「〜やん」「〜やに」「〜へん」。同意する場合の「そうやんなあ」や絶対できないと否定する際の「絶対できやんやん」など重ねて言うことも。その他、「一緒に遊ばへん」「わからへん」など、関西弁でも使われる言い回しながらも、口調はやわらかく、かわいい感じが女子が使うと好印象だともいわれる。

名古屋・愛知にも共通する方言だと、「机をつる（机を運ぶ）」、自転車を指す「ケッタ」などがあるが、独特の伊勢志摩の方言として押さえておきたいのが「ささって」。通常、「明日→あさって→しあさって」となるところが、あさってとしあさっての間に入る3日後の意味として「ささって」が使われる。会う期日を決めるときにはご注意を。

その他、関西弁にも似た表現があるが、ごみを「捨てる」を意味する「ほる」。「ごみ、ほっといて（捨てておいて）」などと使われ、「ごみほり当番」なるものがあった学校も。

また、「疲れた」を意味する「えらい」もよく耳にする。「えらいわー」と言われても、ほめられているわけではないので誤解なきよう！

自然災害リスク
に備える

尾鷲に行ったときに気づいたんだけど、街のあちこちに津波が来たときの避難場所を示した表示があったな。

良港に恵まれている一方で、万一の津波に対する備えということね。尾鷲に限らず沿岸地域はどこもリスクはあるわけだけど。

三重は南海トラフ地震のリスクがあるエリアだし、1959年に伊勢湾台風も経験しているから、防災意識が高いのかも。

東京だって首都直下地震がいつ来るかわからないけど、旅行や移住をする時でもハザードマップとか避難経路とか確認しといたほうがいいね。

最近は大雨とか自然災害が多いもんな。

ヒロシ オススメの考えたい！

地方に行って気になるのが廃屋が多いこと。 特に三重では今にも崩れそうな建物を多く見かけました。 自然災害が起きたら2次災害にもなりかねない。 少子高齢化が進む地方の深刻な問題ですね。

豪雨や台風による土砂崩れや河川の決壊、さらには地震や地震による津波などなど。異常気象の影響もあって、全国どこにいても自然災害に遭うリスクが高まりを見せているご時世だが、地域ごとにどんな自然災害のリスクが高いのか。旅行や移住を考える上でも基本的な知識は押さえておきたい。

三重でかつて大きな被害を出した災害といえば、１９５９年９月に起こった伊勢湾台風。犠牲者の数は阪神・淡路大震災に次ぐ規模で、台風としては最多だったという。

また、三重は地理的に南海トラフ地震が発生した際に大きな被害を被るリスクがあるほか、それ以外にも県北中部は活断層が多い近畿三角地帯の一部にある。内陸直下型地震への注意も必要だ。

三重は海、山、河川と豊かな自然に恵まれる一方で、一度、それらが牙をむくと大きな被害に見舞われかねない。尾鷲では津波が来た際の津波避難場所の掲示や民間施設を津波避難ビルに指定された民間施設も多く見かけた。地域ごとの避難対策や避難場所は知っておこう。県全体の取り組みとしては、「防災みえ・ｊｐ」での気象・観測情報のメール配信サービスや、「三重県防災ガイドブック」のダウンロードができるようになっている。

移住者であっても、地域の消防団など自主防災組織などの活動に着目しておきたい。

ちょっとカオスな ルーブル彫刻美術館 を訪問

へー、駅からもミロのビーナスとサモトラケのニケが見えるんだね。

その後ろに控えるデカい観音様とのマッチングがまたスゴい。

若干、うさんくさいと思ったけど、パリのルーブル美術館の承諾を得て、彫刻にしてるんでしょ。

カネがかかってそうだな(苦笑)。

確かに。自由の女神像がいれば、仏像もあっていろいろと渋滞状態。でも、本物を見に行く時間がない人や子どもが美術を学ぶのにもいいかも。

後ろの大観音寺にも行ってみよう。こっちもすさまじい数の仏像や観音像があるよ。

カエルや招き猫のオーケストラも……。三重ってナゾ……いや革新的なのか。

レイコ オススメの知りたい！

ルーブル彫刻美術館は、初代館長がパリのルーブル美術館を訪れ、すばらしい美術品を日本の人々に見せたいという思いから17回も渡仏し、作品の型取りと複製の了承を得たとか。粘り強い……。

伊勢神宮を始め神のご加護を感じるスポットが多い三重にあって、やや想像の斜め上を行くダイナミックな寺がある。

場所は、津市の榊原温泉口駅近く。ホームに降り立つと、既に不思議な光景を目の当りにすることとなる。野外に立つ巨大なミロのビーナス、サモトラケのニケ。そして背後にはドデカい純金観音像。世界一の高さ33ｍを誇る御本尊「純金開運寶珠(ほうじゅ)大観世音菩薩」だ。

正式名称は寶珠山大観音寺。１９８２年、寺運営のかたわら事業収入を得ていた先代が、事業で得た資金で信徒のためにと御本尊を建てたのを機に、多くの像や霊場を創り、開山。比較的新しい寺で、気軽に観音、仏に親しみながら、金運・財運・幸運に恵まれるようにと様々な仏が集められたエンターテインメント性の高い様相を呈している。

例えば、御本尊の隣にはかなりのサイズ感の仏手が置かれ、日本最大級という水子三観音も立つ。さらにカラオケ事業で成功した参拝者からの寄進であるマイクを持つ職業の人のためのカラオケ観音、古代中国の神獣であるガン封じの白澤(はくたく)像、やるき達磨、にっこりお福などなど。

もはやご利益の渋滞状態だが、さらに子どもに親しんでもらおうとカエルや招き猫のオーケストラなども並ぶ。確かに小難しいことは抜きで、寺院を楽しんでもらおうという創立者の意図は大いに感じられる趣向となっている。

隣接するルーブル彫刻美術館の運営母体は寺院と同じ。もちろん〝パクリ〟ではなく、パリのルーブル美術館から許可を経て営業している世界唯一の姉妹館。デザインは著名建築家の黒川紀章だ。

同美術館は創立者であり初代館長の竹川勇次郎が昭和40年代に渡仏し、ミロのビーナスを見たとき、その荘厳さに感動。なんとか日本の地でこのすばらしい作品を公開したいという志から1987年12月に開館したという。

展示作品は、ルーブル美術館美術部の技術陣が作製した復刻作品で、実物から直接型取りしているため、大きさはもちろん、傷ひとつに至るまで実物と同じであるのが特徴だ。また、フランス博物館協会を通じ、大英博物館、メトロポリタン美術館などの作品も展示されている。ミロのビーナスもあれば、自由の女神像、そしてデッカい仏像もあり、なんとも見どころ満載……。

盛りだくさんすぎて、ややカオス状態ではあるが、見ればほんのりありがたい気分になれる。「海外にはなかなか行けないけど……」という人も、ぜひ三重でルーブルデビュー気分を味わいたい。

パリのルーブル美術館の
世界唯一の姉妹館
ルーブル彫刻美術館と
お隣の大観音寺へ
ミロのビーナスと
サモトラケのニケが
お出迎え！
スケール感スゴッ！
その後ろには
デッカい
観音像が……
同じ運営母体でも
あまりない光景だな
いろんな神様がいるね
カラオケ観音とか
やるき達磨だって
カエルの
オーケストラ
ってのもスゴいな
美術館の中には
自由の女神
もいる！
デッカい仏像もいるぞ
もはや
ご利益の
渋滞……
くら
くら
さすが
神の国・三重
奥が深い

勝手に
移住オススメエリア
を考える

三重を回ってみて、住んでみたいかなと思った場所はあった？

現実的な住みやすさでいうと四日市かな。県内最大の都市だけあって近鉄四日市駅周辺を中心に栄えているというのもあるけど、大衆的で安くておいしい居酒屋とか、過ごしやすそうな喫茶店もあって、ちょうどいいな、と。

ヨソから転勤で来る人も多いせいか、観光地よりお店の接客なんかもこなれているイメージだったかな。

移住者誘致にがんばっている場所だと、いなべ市だね。企業誘致で大きくなった市だけど、自然好きな人たちの移住も増えているみたい。

名古屋に近いから、都会と田舎具合がちょうど良いのかも。

ヒロシ　オススメの行きたい！

四日市で気に入ったのがおいしい居酒屋とゆったりくつろげる喫茶店。「大衆酒場 ゑびす」とファミレスみたいな「ギオン シグマ」。シグマはメニューが豊富で、長居もOKな雰囲気が魅力です。

三重県の推計人口は都道府県全体で22位。人口減少率ランキングでは同21位と日本では中間辺りに位置する。また、高齢化率では同31位と若いほうだが、細かく県内29市町ごとに比較すると、〝格差〟が見えてくる。

ザックリの人口でいえば、北勢、中勢の平野エリアが優勢。人口30万超で県内屈指の人口を誇る四日市市を筆頭に、県庁所在地の津市、鈴鹿市、松阪市、桑名市、伊勢市の6市で県全体の7割近くを占める。名古屋に近い菰野町、東員町、明和町の町が数々の市を凌駕しているのも、三重の立地的特徴といえよう。

北勢エリアの中で移住人気が高い市町では、子育て世代が増えている朝日町や川越町ほか、「住みよさランキング2020」（東洋経済）で県内1位を取ったことがある、いなべ市が挙げられる。デンソー、トヨタ車体などの企業誘致で成長してきたイメージが強いが、市の積極的な移住施策を背景に、社員全員が移住者という会社も登場。有機農業やその野菜を使った飲食店、アート・カルチャーの発信など、街に新たな風を吹き込んでいる。

同様に移住希望者が増えているのが松阪市。豊かな自然を満喫しつつ都市圏にも出やすい立地から、自治体から家のリフォームなど一部補助を受けられる「空き家バンク」制度を利用する移住者が増加。すぐに入れる空き家が不足している状況だという。

式年遷宮の意味を考える

今回、三重の伝統、そして革新をキーワードに、県内のヒト、モノ、コトに触れてきたけど、その観点から見ても式年遷宮って興味深いな。

前回の「式年遷宮」はテレビでも見たけど、改めて今回、実物を見て、「何のために?」と考えると、深いなって思った。

社殿だけじゃなくて、装飾品も作り直すなんて大いなるムダだと思ったけど、伝統技術の継承につながっているんだな。

伊勢市は式年遷宮で20年ごとに儲けてるんだ、なんて軽い気持ちでやゆしてたけど、町の進化につながる節目になってるって大きいね。

仕事でも現状維持でいいと思ってたら、下り坂の始まりっていうからな。

何を守り、何を変えるか……。

レイコ　オススメの知りたい！

式年遷宮は20年ごとのその年だけでなく、8年の歳月をかけて様々な祭儀、行事を重ねて行われるとか。次の式年遷宮は2033年。来たる遷宮に向けて既に準備を進めているんですね。

20年に一度、社殿と奉納する神宝・装束すべてを新調し、東西に隣り合う２つの宮地を入れ替え、神様の引っ越しを行う「式年遷宮」。約１３００年前から始まり、直近では２０１３年に62回目の遷宮が執り行われた。

20年に一度行われることには、様々な理由が推定されてきたが、結果的には唯一神明造という世界に誇る建築物、神宝・装束などの貴重な調度品、その技術を変わることなく受け継いでいることは大きな意義があるといえよう。

つまり「変わらないために、変える」。新しく作り変えることで、逆説的に永遠を求める「常若（とこわか）」という思想が遷宮には貫かれているという。

式年遷宮は、伊勢神宮だけでなく、取り巻く町や交通機関のあり方にも影響を与えている。Ｐ39でも紹介したように、参宮急行（近鉄）宇治山田駅が開業し、鉄道が整備されたのも、ガイド役の御師の制度がなくなったゆえ。内宮の門前町である「おはらい町」が賑わうようになったのも、２０１３年の式年遷宮に合わせ「伊勢市まちなみ保全事業」を行ったことが契機になったという（参考『ブラタモリ７』〈ＫＡＤＯＫＡＷＡ〉）。

20年に一度、式年遷宮を契機に、町も一緒に生まれ変わり、進化する……。変わらないために、何を変えるか。変化のスピードが速い今の時代、改めて考えてみたい。

『神去なあなあ』で三重の林業を知る

三重の1次産業といえば、作家・三浦しをんさんの『神去なあなあ』シリーズを読んで林業も奥深いなあと思った。

舞台のモデルになってる旧美杉村って、三浦さんのお父さんの故郷らしい。面積の9割ほどが山で林業が盛んだったらしいけど、後継者不足とかそもそも若い世代が少なくて、大変なんだろうな。

三重って伊勢志摩とか四日市コンビナートで、海沿いのイメージが強いけど、実は7割以上は山だし、ヒノキで有名な尾鷲は日本の林業の発祥の地ともいわれているんだよね。

『神去なあなあ日常』は映画化もされてヒットしたらしいから、若い人が林業に関心を持つきっかけになるといいかな。

ヒロシ オススメの読みたい！

本を読んでから行くと、横浜出身の主人公が名古屋から電車に乗って、どんどん山奥に入って心細くなる感じがなるほど、と。48年に1回行われる神事が出てくるのも三重らしさを感じます。

四日市港近くの大繁盛食堂をハシゴ

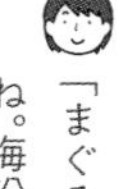

「まぐろレストラン」って名前がいいよね。海沿いにある立地もいい感じ。

元々は遠洋漁業でマグロ漁に従事する漁師さんの宿泊施設・食堂から始まったみたいだね。おお、もう朝から行列だ。

食堂っぽく小鉢が選べるのもいい。

うん、刺身、フツーにおいしい。向かいの「ヒモノ食堂」をハシゴするぞー。

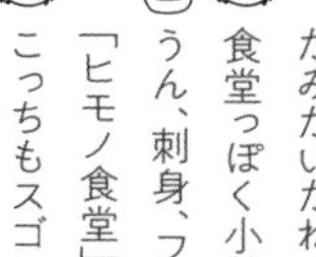

こっちもスゴい行列だよ。干物を選んで焼いてもらうんだね。

システムがよくわからないけど、他の人に倣って、おでんを食べながら焼き上がりを待とう。

おでん、意外にもウマい。

干物、焼けたみたい。さすがに焼きたてはおいしいし、卓上にある独自の「旨だれ」をかけるとさらにウマい！

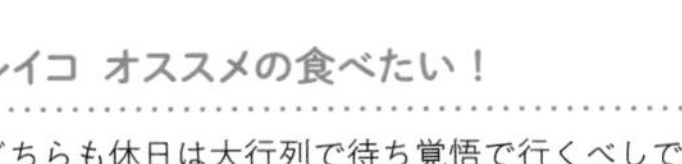

レイコ　オススメの食べたい！

どちらも休日は大行列で待ち覚悟で行くべしです。干物自体は割と味が薄めで、卓上の「旨だれ」をかけるとちょうどいい味になる感じでした。これも三重ならではのタレ文化？

亀山みそ焼きうどんの極意を習う

伊勢うどんも個性的だったけど、亀山みそ焼きうどんもなかなかだったね。

店主が厳しいとか、ルールを守らないと怒られるとか、レビューを読んで恐る恐る行った「亀とん食堂」……。

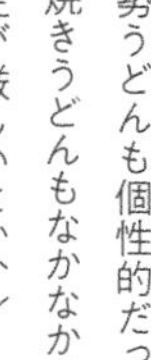

実は大正解だった。

飲み物より先に料理の注文をするとか、酔っぱらう前にしっかり炒めてキャベツの水を出して、ホルモンとかうどんに味をしみ込ませるためで道理に合ってるんだよね。

ご主人、怖そうで実は優しかった。従業員の人にはかなり厳しかったけど。

しっかりルール通りに作ったからか、ホルモンってあまり好きじゃないけど、これはおいしかったなー。

ヒロシ オススメの食べたい！

亀山市のB級グルメとされている亀山みそ焼きうどんですが、「亀とん食堂」ではメニューにはなく、最初に肉・ホルモンを選び、別途、うどんを追加するスタイル。この形が発祥みたいです。

神主輩出の名門・皇學館大学を知る

神主になるための神職養成課程がある大学って、日本に2校しかないんだ。オレが出た國學院大學と伊勢市にある皇學館大学。

皇學館は伊勢神宮のお膝元だからわかるけど、逆に國學院って珍しい?

國學院は明治政府の神道政策の一環で建てられた皇典講究所が母体で、皇學館は伊勢神宮祭主だった久邇宮朝彦親王の命で設置された神道を源流に国文、国史を研究する神宮皇學館が前身らしい。戦後はGHQにより廃校になったけど、関係者によって再興の会が結成されてよみがえったんだって。

さすが神の地、強い!

神主だけじゃなくて、教員になる人も多いらしいよ。

ヒロシ オススメの知りたい!

皇學館再興のための後援会には吉田茂や池田勇人、財界総理といわれた石坂泰三などの大物が名前を連ね、全国の財界人などに呼びかけたとか。さすが伊勢神宮のお膝元の大学、ですね。

おにぎりの〝桃太郎〟に会いに行く

おにぎりの専門店って全国的に増えてるイメージだけど、四日市発祥の「おにぎりの桃太郎」は、メチャおいしくて値段も良心的でいいよね。

で、今日、行くのが本店。1日5回、社屋の上にある桃のオブジェが割れて、キャラクターの桃太郎が出てくるらしい。

へー。だから朝イチでここに来たのか。出てくるところを狙って写真撮ろう！

朝8時前、そろそろかな。

「もーもたろさん、ももたろさん」の桃太郎の歌が流れてきた……桃が割れておにぎり食べてる桃太郎が出てきたよ。

なんというか、斬新！

レイコ オススメの食べたい！

「桃太郎」のおにぎりで一番人気が「味」。鶏ごぼう飯のおにぎりで、味付けが絶妙。何回もリピートしていた人も（＝ヒロシ）。お総菜や小さいサイズのお弁当も豊富で、使い勝手もいいです。

データ編　三重県を知る

日本列島のほぼ真ん中の太平洋側に位置し、紀伊半島の東部に沿って南北約170km、東西約80kmと、南北に細長い三重県。沿岸部は伊勢湾、志摩半島から熊野灘に至るリアス海岸が広がり、西部は鈴鹿山脈、布引山地、県内最高峰の1695mの大台ヶ原山、紀伊山地などが連なる。山、海、川、盆地とエリアによって地形も変化に富み、気候も大きく異なる。

豊かな自然に囲まれ、カツオ、アワビなどの漁業、全国シェア3位を占める茶など農業が盛んな一方、北勢は中京工業地帯を擁し、石油化学コンビナートが集積する四日市市を始め製造業が発展。

観光では、年間約900万人もが訪れる伊勢神宮や熊野古道伊勢路など歴史、伝統が根付くスポットからリアス海岸が一望できる伊勢志摩国立公園、伊賀の赤目四十八滝や北勢の御在所岳など自然の美しさを満喫できるエリアのほか、鈴鹿サーキット、志摩スペイン村などのエンターテインメント施設、さらに「VISON」「Nordisk Hygge Circles UGAKEI」など、新たなリゾート施設も増殖中。中京圏や関西圏とも至近距離にあり、都市機能がそろう市街地と郊外の自然のバランスの良さから移住者も増えている。

データ編では、三重県全体の多様性、エリアによって異なる個性、移住相談先などを紹介していく。

ザックリつかもう！ 三重ってどんなとこ？

＜規模＞

・面積 約5774㎢／人口 約174万人

＜気候＞

・県全体としては温暖だが、平野部・山間部・盆地部によって異なる。
・伊勢平野は温和な気候ながら、冬季は乾燥した季節風「鈴鹿おろし」が吹く。
・熊野灘沿岸は県内で最も温暖多雨。特に尾鷲から大台ヶ原山系一帯は全国屈指の多雨地帯。
・伊賀の盆地部は内陸盆地気候で冬と夏の寒暖差が大きい。
・鈴鹿山麓は北部山麓では積雪量が多く、鈴鹿山脈では2mを超す積雪も。

＜生活・医療＞

・人口10万人当たりの医師数は増加傾向にあるが、2020年時点で231.6人と全国平均（256.6人）より少なく全国35位。
・三重県広域災害・救急医療情報システム「医療ネットみえ」では、今すぐ治療を受けたい際に対応可能な医療機関をリアルタイムで検索できる。
・県平均の持ち家率は72.0％で全国9位。持ち家率は高い。
・育児の「援助を受けたい人」「援助を行いたい人」をつなぐ相互援助の会員組織「ファミリーサポートセンター」が県内各地にある。

参考資料：三重県ホームページ、三重県移住・交流ポータルサイト「ええとこやんか三重」、「津地方気象台」ホームページ、厚生労働省「令和2年医師・歯科医師・薬剤師統計」

さらに深掘り！
三重県の地域ごとの特徴を知ろう

三重県は14の市、15の町で構成。大きく「北勢」「中勢」「伊勢志摩（南勢）」「伊賀」「東紀州」の5つに分けられ、沿岸部か山間部かでも見える景色が大きく異なる。また、エリアによって隣接する関西圏や中部圏、和歌山県などの影響を受け、人の行き来も盛んだ。エリアや市町ごとの特徴、主な産業を紹介する。

北勢エリア

いなべ市、桑名市、東員町、菰野町、木曽岬町、朝日町、川越町、四日市市、鈴鹿市、亀山市

県北部に位置し、名古屋など中京圏へのアクセスが良い経済・産業の中心エリア。石油コンビナートが集積する四日市市を始め、いなべ市や鈴鹿市、亀山市など大手メーカーの製造拠点も多く位置し、製造業が盛ん。人口の多い市町が集まっており、都会と自然のバランスの良さから移住人気も高い。若い子育て世代が占める割合が高い朝日町や川越町、独自のまちおこし策でクリエイティブ人材の移住が増えているいなべ市など、人口が増えている自治体も多い。

中勢エリア

津市、松阪市、明和町、多気町、大台町、大紀町

県庁所在地の津市がある行政の中心地。高速道路や電車などの交通網も整備され、名古屋や関西圏へのアクセスも便利。中山間部で自然の恵みを活かした農業や林業、畜産業が盛ん。天皇に代わって伊勢神宮に仕えた斎王の宮「斎宮跡」など歴史も根付く。シャープ三重工場が立地する多気町では、2021年に地域活性化のために建設されたリゾート施設「VISON」を中心に周辺6町と広域連携で地方創生を進める「スーパーシティ構想」を掲げている。

伊勢志摩エリア

伊勢市、玉城町、度会町、鳥羽市、志摩市、南伊勢町

歴史と自然あふれる県内有数の観光エリア。伊勢神宮が位置する伊勢市は商業施設や医療機関も多く立地し、リアス海岸を擁する鳥羽・志摩市は漁業や農業ほか、観光業が基幹産業。「鳥羽・志摩の海女漁の技術」は国の重要無形民俗文化財に指定。三重は真珠で作った装身具の生産量では全国1位を占めるが、その基点となった「ミキモト真珠島」も位置する。玉城町は伊勢神宮の外宮に奉納され、G7伊勢志摩サミットでも提供されたブランド豚の玉城豚が有名。

伊賀エリア

伊賀市、名張市

大阪市街地までのアクセスの良さから、関西圏へ通勤・通学する人も多く、ベッドタウンとなっている。自動車専用道路の名阪国道や新名神高速道路も付近を通るため、交通の利便性から製造業などの企業も多く立地する。忍術の流派「伊賀流」が伝わる伊賀市は観光客が多く訪れるほか、移住しやすい街としての評価も高い。盆地の地形を活かした米や酒造りも盛ん。

東紀州エリア

紀北町、尾鷲市、熊野市、御浜町、紀宝町

熊野灘に面した県最南部は漁業、農業、林業と1次産業が盛ん。世界遺産の熊野古道伊勢路の存在でも知られる。御浜町は“年中みかんのとれるまち”として様々な種類のみかん栽培が盛んで、みかん農家として移住する人も。尾鷲市は200種類以上の魚が獲れる良港を擁し、漁師を目指す人向けの漁師塾も。国内有数の多雨地域として林業、木材業が盛んで、「尾鷲ヒノキ林業」は日本農業遺産に認定。熊野市は全国でもトップレベルの手厚い子育て支援を提供している。

移住・就農などを検討するならこちらに相談、情報をチェック

・まずは、三重県移住・交流ポータルサイト「ええとこやんか三重」で情報収集をしよう。

・相談（予約制）をするなら、「ええとこやんか三重　移住相談センター」へ。東京交通会館（東京・有楽町）の「ふるさと回帰支援センター内」の窓口ほか、大阪、名古屋でも定期的に相談会を実施している。

・三重県内の仕事、企業を探せる「『みえ』の仕事マッチングサイト」では、ユーザー登録をすると登録内容に応じた求人サイトやイベント情報を受け取ることができる。

・東京23区の在住者または東京圏在住で23区への通勤者を対象に、三重県に移住して就業した人などに向けた移住支援金制度あり（各種条件あり）。

参考文献

『三重のトリセツ　地図で読み解く初耳秘話』昭文社

『三重「地理・地名・地図」のナゾ』岡田登監修　実業之日本社

『松坂牛　牛飼いの詩　日本一の美味のルーツをさぐる』伊勢志摩編集室

『鈴鹿サーキット物語』講談社編　講談社文庫

『幸吉八方ころがし　真珠王・御木本幸吉の生涯』永井龍男著　文春文庫

『ブラタモリ7　京都　志摩　伊勢』NHK「ブラタモリ」制作班監修　KADOKAWA

『イオンを創った女　評伝小嶋千鶴子』東海友和著　プレジデント社

『小売業の繁栄は平和の象徴』岡田卓也著　日経文芸文庫

『食べるパワースポット　伊勢うどん　全国制覇への道』石原壮一郎著　扶桑社

『神去なあなあ日常』三浦しをん著　徳間文庫

『神去なあなあ夜話』三浦しをん著　徳間文庫

『ホンダF1　復活した最速のDNA』NHK取材班著　幻冬舎

『下剋上球児　三重県立白山高校、甲子園までのミラクル』菊地高弘著　カンゼン

『売春島——「最後の桃源郷」渡鹿野島ルポ』高木 瑞穂著　彩図社

『眠れないほど面白い「古事記」』由良弥生　三笠書房

『日本の特別地域 特別編集55　これでいいのか三重県』昼間たかし著　マイクロマガジン社

『まっぷる三重　伊勢志摩・熊野・ナガシマリゾート』昭文社

データについては、三重県・各市町ホームページのほか、
三重県ホームページ、三重県移住・交流ポータルサイト「ええとこやんか三重」、「『みえ』の仕事マッチングサイト」、「津地方気象台」ホームページ、厚生労働省「令和２年医師・歯科医師・薬剤師統計」、その他、全国紙、各自治体観光・移住パンフレット、企業・団体ホームページなどを参照しました。また、本書の執筆に際し、取材にご協力いただいた方々に感謝申し上げます。

あとがき

実は三重を訪れたのは、本書執筆を目的とする今回が初めてでした。ずーっと通り過ぎるばかりで、なーんにも先入観もなく訪れたこの地は、伊勢神宮に代表される長い歴史、伝統が息付きながらも、予想外にチャレンジングでオンリーワンなヒト、モノ、コトがうごめく場所でもありました。

いや、伊勢神宮自身が変わらないために、「変える」をホームページで堂々とうたっていらっしゃる！　これは意外な発見であり、まさに事の真理を突いた言葉だなとしみじみ思いました。考えてみれば、京都なんかも創業数百年という会社がゴロゴロあったりしますが、伝統を守るために何を変えて、何を変えないのか。ものすごい努力をされているんですよね。こういう地だからこそ、スッと新しいことをやってのける人が現れる。新しい施設も続々と誕生していましたが、〝東京ブランド〟を持ってくるんじゃなくて、それぞれに独自性がある。これも誇り高き「三重らしさ」であり、これからの地方創生のあり方なのではと、様々な発見がありました。

周囲の中部、関西圏以外の人にとって、まだ「知らない三重」がたくさんあると思います。本書が、新たな「三重らしさ」発見のきっかけになれば幸いです。

著者紹介

たび活×住み活研究家　**大沢玲子**

2006年から各地の生活慣習、地域性、県民性などのリサーチをスタート。ご当地に縁のある人々へのインタビュー、アンケート調査などを通じ、歴史・衣食住・街など、幅広い角度からその地らしさに迫り、執筆を続けている。『東京ルール』を皮切りに、大阪、信州、広島、神戸など、各地の特性をまとめた『ルール』シリーズ本は計17冊、累計32万部超を達成。

本人は鹿児島出身の転勤族として育ち、現在は東京在住。根なし草的なアウェーの立場を活かし、ホットなトピックとして〝移住〟〝関係人口〟などを絡めた新しい地方の楽しみ方を紹介している。

読むと行きたくなる。行くと住みたくなる――

「たび活×住み活」in 三重

「データ編 三重県を知る」付き

2023年9月19日　第1刷発行

著者　大沢玲子

漫画　斉藤ロジョコ
校正・校閲　鈴木健一郎
装丁・本文デザイン　有限会社 ZAPP!　白金正之

発行者　五島　洋
発行所　ファーストステップ出版
〒151-0064　東京都渋谷区上原1-34-7　和田ビル2F
有限会社ファーストステップ
TEL 03-6906-8431

印刷・製本　中央精版印刷株式会社
ISBN978-4-909847-07-2　C2026